클래식 음악 레이블
운영 가이드

기획사와 레이블 운영을 위한 실전 가이드북

클래식 음악 레이블 운영 가이드

김주상 지음

좋은땅

피아니스트 김주상은 만 17세에 독일로 유학을 떠나, 당시 최연소로 베를린 한스 아이슬러 음악대학(Hochschule für Musik "Hanns Eisler" Berlin)에 입학하였다. 그는 학부(Bachelor of Music) 과정과 동 대학원 석사(Master of Music) 과정을 엘다 네볼신(Eldar Nebolsin) 교수의 지도 아래 최고 점수로 졸업하였다. 스승 엘다 네볼신은 그를 "진지하고 헌신적이며, 음악적 재능과 견고한 테크닉을 가진 열정적인 피아니스트"라고 평가하였다.

이후 김주상은 영국 리즈대학교(University of Leeds, School of Music) 박사 과정(Ph. D. in Music Performance)을 우수한 성적으로 마쳤다. 재학 중에는 콘라트 엥겔(Konrad Engel)에게 피아노 교수법을, 가브리엘 쿠퍼나겔(Gabriele Kupfernagel), 요나탄 아너(Jonathan Aner), 비르기타 볼렌베버(Birgitta Wollenweber) 등에게 실내악을 사사하며 음악적 폭을 넓혔다.

2019년에는 독일 국가장학금 DAAD-Promos(Deutscher Akademischer

Austauschdienst)를 받아 잘츠부르크 모차르테움 썸머 아카데미 (Mozarteum Sommerakademie)에 참가, 러시아의 피아노 거장 드미트리 알렉세예프(Dmitri Alexeev)로부터 디플롬(Diplom)을 받았다. 이외에도 한·러 수교 24주년 기념 대한민국 우수 단체 초청 연주회에서 모스크바 차이코프스키 컬리지 연주홀에 초청되어 연주했으며, 모스크바 차이콥스키 컬리지 국제 마스터클래스에 참가해 나탈리아 쇼히레바(Natalya Shokhireva)에게 최고점의 디플롬을 받았다.

그는 잘츠부르크 모차르테움 썸머아카데미에서 안드레아스 베버 (Andreas Weber), 안드레아 루체시니(Andrea Lucchesini)에게 지도받아 디플롬을 취득했으며, 드미트리 바쉬키로프(Dmitri Bashkirov), 리하르트 브라운(Richard Braun), 올레그 폴리안스키(Oleg Poliansky), 예카쩨리나 메체티나(Ekaterina Mechetina), 베른트 괴츠케(Bernd Gozke), 뵈른 레만 (Bjoern Lehmann), 엘레나 마골리나(Elena Margolina-Hait), 콘스탄체 아이크호스트(Konstanze Eickhorst), 크리스토프 리스케(Christoph Lieske), 페터 랑(Peter Lang) 등 다양한 거장의 마스터클래스에 참가하여 폭넓은 음악적 견해를 배우고 경험했다.

국내외에서 여러 콩쿨에서 우수한 성적을 거두었으며, 2021년 스위스 루가노에서 열린 Iscart International Music Competition에서 100점 만점 중 97점으로 1위를 수상하였고, 같은 해 폴란드 International Piano Competition Paderewski in Memorium에서 1위, 러시아 International Moscow Music Competition에서 2위, 캐나다 North American Virtuoso

International Music Competition에서 1위(Gold Medal)를 차지하였다. 또한 에스토니아 탈린 Music and Stars Awards에서 Gold Star를 수상하며 매거진 인터뷰가 게재되었다. 2022년에는 스페인 프란츠 리스트 국제 피아노 콩쿨에서 2위, 벨기에 브뤼셀 클라라 슈만 국제콩쿨에서 2위 없는 3위, 이탈리아 부조니 국제 음악콩쿠르에서 1위를 수상하였다.

현재 김주상은 스페인 KNS Classical 음반사의 소속 아티스트로서 〈Mosaic〉 앨범을 발매하며, 유럽을 중심으로 활발한 연주 활동을 펼치고 있다. 국내에서는 판타지아 레이블(FANTASIA LABEL)의 대표로 활동하며, 작가로서 바른북스를 통해 2024년 8월 〈음악해서 뭐 먹고 살래?〉와 〈독일 음대 유학 가이드북〉을 출간하였다.

서문   클래식 음악 레이블 판타지아를 운영하며

2024년 8월, 첫 책인 〈음악해서 뭐 먹고 살래?〉를 출간했다. 원고를 집필할 당시 나는 영국에서 박사 과정을 마치고 귀국한 지 1년이 채 되지 않았고, 귀국하면 학생도 가르치고 연주 활동도 활발히 할 수 있으리라 기대했으나 그것이 현실과는 거리가 멀다는 사실을 이미 인식하고 있었다. 같은 해 광주문화재단 청년예술인창작지원을 받아 광주예술의전당에서 독주회를 가졌지만, 그 경험은 오히려 회의감을 남겼다. "이런 식이라면 결국 음악을 그만두게 되겠구나"라는 생각이 들었고, 다른 길을 고민하기 시작했다.

클래식 음악계의 현실은 이렇다. 음악가라면 누구나 연주를 하고 싶어 한다. 그러나 대형 기획사들은 티켓 판매와 수익을 위해 조성진, 임윤찬 같은 슈퍼스타들의 공연에 집중한다. 그렇다면 대부분의 음악 전공자들이 하는 공연은 어떻게 이뤄질까? 같은 기획사에서 공연을 제작하더라도 대개는 음악가가 전액 자비를 부담하는 '공연기획대행 서비스'의 형태다. 기획사 입장에서도 매진 가능성이 불확실한 연주자에게 전액 투자를 감행하기는 어렵기 때문이다. 결국 연주자가 직접 기획사에 의뢰해 비용을 지불하고 공연을 올리게 된다.

연주를 하고 싶은 이유는 예술적 욕망이기도 하지만 생계의 문제이기도 하다. 그러나 티켓 판매 수익만으로 생활을 이어 가는 음악가는 극소수다. 국내 다수의 클래식 음악 전공자들의 주된 수입원은 레슨이며, 레슨을 하려면 학생이 필요하다. 학생을 얻으려면 대학이나 예술중·고등학교 출강 자격이 요구되고, 궁극적으로는 교수의 길을 꿈꾼다.

이 과정에서 학력은 더 이상 결정적 요건이 되지 못한다. 이미 박사학위 소지자만 수만 명, 해외 유학파 귀국자도 넘쳐나기 때문이다. 여기에 연주 경력이 가산점처럼 작용하기 때문에, 많은 음악가들이 자비를 들여서라도 공연을 올린다. 문제는 자비 공연조차 티켓 판매가 쉽지 않다는 점이다. 주요 관객은 가족, 친구, 지인에 국한되며, 불특정 다수의 관객은 극히 드물다. 대부분 초대권을 나누며 '와서 봐 달라'고 부탁해야 하는 형편이다.

나는 이런 구조 속에서 판타지아 레이블을 만들었다. 사업가로 성공하겠다는 야망보다는 나 자신의 음악 활동을 지속할 수 있는 파이프라인과 시스템을 구축하기 위함이었다. 기획사에 의존하지 않고 직접 공연을 제작하고, 더 많은 음반을 발매하기 위해 레이블 사업까지 확장했다.

어떤 이는 "기업가 정신도 없는 사람이 무슨 음악 사업 책을 쓰냐"고 비난할지도 모른다. 그래서 분명히 밝히고 싶다. 이 책은 클래식 음악 레이블과 기획사를 운영한 나의 경험을 공유하기 위한 것이다. 여기 담긴 내용을 따라 한다고 큰돈을 벌거나 성공적인 사업가가 되리라 장담할 수는 없다. 그러나 음악산업의 구조를 이해하고, 음악가로서 성장할 수 있는 길을 함께 모색하는 데에는 충분히 도움이 될 것이다.

공연기획부터 실연까지의 흐름을 알게 되면, 자신의 공연을 직접 제작할 수도 있고, 기획사에 대행을 맡기더라도 주체적으로 의견을 제시하며 소통할 수 있다. 브랜딩과 공연 홍보도 방법을 알면 두렵지 않다.

레이블 사업 또한 음악가에게 많은 도움을 준다. 녹음, 믹싱, 마스터링 과정을 이해하고 경험하다 보면, 공간과 마이크 배치, 악기 특성에 따라 음악이 청자에게 어떻게 전달되는지 알 수 있다.

이는 단순히 음반 제작에 그치지 않고, 공연장에서의 음향을 파악하고 리허설과 본 공연의 질을 높이는 데도 직접 연결된다. 단순히 울림 정도만 확인하는 것이 아니라, 공간의 층고, 재질, 리버브와 딜레이까지 파악하면서 리허설은 본 공연을 위한 실질적인 점검 과정이 된다.

더 나아가 디지털 음원 발매 과정, 유통사의 수익 구조, 피지컬 앨범 제작과 유통까지 이해하게 되면 자신의 작업뿐 아니라 협업 프로젝트에서도 큰 장점을 갖게 된다. 특히 지원사업에 참여할 때 더욱 빛을 발한다.

판타지아는 공연기획, 레이블 사업, 아티스트 매니지먼트를 주요 축으로 삼는다. 공연 실황을 디지털 앨범으로 발매해 유통 수익을 내고, 의뢰를 받아 제작비를 받고 음반을 제작해 주기도 하며, 자체 투자로 음악인을 발굴하고 지원사업을 통해 수익을 창출하기도 한다. 공연기획과 레이블 사업이 별개처럼 보일 수 있으나, 실제로는 긴밀히 연결되어 있다. 판타지아의 사업자 등록도 주업종은 '음악 및 기타 오디오물 출판업', 부업종은 '공연기획업'으로 되어 있어야 각종 지원사업에서 용역을 제공할 수 있다.

나는 이 책을 통해 경험한 모든 것을 가능한 한 솔직하게 공유하고자 한다. 〈독일 음대 유학 가이드북〉을 출간했을 때도 주변에서 "이렇게 다 공개하면 네 노하우가 남에게 넘어가는 것 아니냐"고 걱정했지만, 그렇지 않다. 내가 가진 것을 나눈다고 해서 그것이 곧 내 것이 사라지는 것은 아니다.

문화예술 산업, 특히 음악시장은 아직 미성숙하다. 검증된 모델만으로는 살아남기 어렵다. 결국 음악가 스스로 연주자이자 사업가로서 이 시장에 뛰어들어야 한다. 그렇게 시장의 크기가 커지고 수요와 공급이 함께 확대될 때 비로소 활발한 생태계가 만들어진다. 파이가 커지면 나눌 몫도 많아지고, 그중에 내가 조금 더 많은 몫을 얻기를 바랄 뿐이다.

목차

3장 **홍보와 마케팅, 아티스트 매니지먼트**

부록

1장

클래식 음악
레이블 사업

클래식 음반 기획

클래식 음악 레이블에서 앨범을 제작하는 방식은 크게 두 가지가 있다. 하나는 레이블이 전액을 투자하는 방식이고, 다른 하나는 아티스트가 제작비를 부담하는 방식이다. 물론 두 방식을 절충하여 레이블이 일정 부분을 투자하고, 나머지를 아티스트가 부담해 제작비 100%를 충당하는 경우도 있다.

클래식 음악 레이블 판타지아를 설립한 목적은 지속 가능한 음악 활동에 있다. 출발점은 피아니스트 김주상, 곧 저 자신의 음악을 더 많은 사람들에게 들려주고 싶다는 마음이었다. 이후 자연스럽게 동료 음악가들과 더 많은 예술가들의 음악을 기록으로 남기고 싶다는 열망으로 확장되었다.

판타지아를 통해 처음 발매한 앨범은 나의 디지털 EP 5 Improvisations "INSPIRATION"이다. 이는 음원 유통사와의 계약 과정, 발매 절차 전반을 직접 경험해 보는 일종의 MVP(최소기능제품) 과정이었다. 그다음은 피아니스트 최은영의 리사이틀 실황을 담은 디지털 앨범이었다. 아트스페이스 홍학관에서 열린 판타지아 기획공연을 돌비 애트모스로 녹음한 이 앨범은 리스트, 스카를라티, 슈만의 작품으로 구성되었다. 특히 슈만과 리스트의 음악이 '독일'이라는 키워드로 연결된다는 점에 주목해, 실황을 그대로 디지털 앨범으로 발매했다.

이어 발매한 피아니스트 이태이의 디지털 EP MOZART & CHOPIN에는 모차르트 론도 a단조와 쇼팽 왈츠 b단조가 수록되었다. 개인적으로 모차르트와 쇼팽의 조합을 각별히 좋아했기에 이 프로젝트는 큰 이견 없이 진행되었다. 피아니스트 한규호의 앨범은 클라라와 로베르트 슈만, 그리고 베토벤의 작품으로 구성해 확실한 콘셉트를 마련했고, 이는 향후 아시아 시장에서의 피지컬 앨범 판매 가능성을 고려한 기획이었다.

클래식 음악 앨범 기획은 크게 상업성이 있는 앨범과 예술성을 강조한 앨범으로 나눌 수 있다. 일반적으로 사업적 관점에서는 상업성이 있는 앨범이 타당하다. 하지만 나는 피아니스트이자 기획자로서 예술적 가치가 큰 음악을 함께 제작하는 데도 큰 보람을 느낀다. 물론 상업성이 없다고 해서 반드시 수익을 내지 못하는 것은 아니다. 예술성이 강한 앨범이라 하더라도 프로젝트와 연계되면서 결과적으로 수익 창출로 이어질 수 있기 때문이다.

예를 들어, *김주상 피아노 리사이틀 - FANTASIA*는 한국예술인복지재단의 창작 지원을 받아 서울 JCC 아트센터 콘서트홀에서 공연되었고, 이 프로그램을 기반으로 쇼팽 소나타와 왈츠를 묶은 디지털 앨범, 하이든 소나타와 판타지를 묶은 또 다른 앨범을 제작했다. 이 과정에서 광주문화재단의 추가 지원을 받아 프로젝트가 확장되었고, 결과적으로 두 개의 디지털 앨범은 피지컬 앨범 제작까지 이어졌다. 의도치 않았지만 상업성과 예술성을 모두 확보할 수 있었던 셈이다.

이와 같은 방식으로 판타지아는 다양한 프로젝트를 기획·발매하고 있다. 피아니스트 최은영의 경우에도 공연이 먼저, 앨범 발매가 나중에 이루어진 점에서 같은 맥락에 놓인다. 이후에는 프란츠 리스트의 작품만을 녹음하고, 쇼케이스 형식의 리사이틀을 지원사업과 연계해 진행했다. 이과정에서 판타지아는 녹음, 믹싱·마스터링, 앨범 발매, 공연기획 전반을 용역 형태로 제공하며 수익 구조를 확립했다.

또한 국악인 창작가 김민철과 함께 피아노와 국악 타악기의 즉흥적 협연을 담은 시나위 앨범을 두 개의 디지털 음반으로 발매했다. 이 프로젝트는 광주문화재단, 한국문화예술위원회, 광주광역시청의 지원을 받아 2026년에는 공간 음향을 활용한 사운드 전시 프로젝트로 확장될 예정이다. 이는 지역 시각예술 작가와 협업해 소리와 시각예술을 접목하는 형식으로 기획되었으며, 판타지아가 대부분의 용역비를 집행하면서 수익을 가져가는 구조를 갖추고 있다.

유통사들은 여러 작곡가의 곡을 묶은 컴필레이션 앨범이 판매가 어렵다고 말하지만, 나의 경험은 다르다. 독일과 영국에서 10여 년간 유학하면서 스페인 음반사 *KNS Classical*을 통해 발매한 *Mosaic* 앨범은 유럽과

미국 시장에서 좋은 반응을 얻었다.

유럽의 전통적인 레이블들이 한 작곡가의 전곡 앨범을 중시해 왔다면, 최근에는 도이치 그라모폰, 데카, 낙소스 등 대형 레이블들도 컴필레이션 앨범을 제작하고 있다. 이는 소비자들의 수요가 변화하고 있음을 보여 준다.

한 작곡가의 전곡 연주 앨범은 이미 거장들이 수많은 명반을 남겨 치열한 경쟁 시장이 되었고, 젊은 연주자들이 뛰어들기엔 레드오션에 가깝다. 반면 컴필레이션 앨범은 다양한 작곡가의 작품을 새로운 해석으로 들려주려는 젊은 세대 연주자들의 개성을 담을 수 있다는 점에서 매력적이다. 실제로 나의 앨범도 유럽 시장에서 긍정적인 반응을 얻으며 판매량을 올리고 있다. 다만 레이블 전액 제작 투자로 인한 로열티 문제, 판매량 정보의 불투명성은 아쉬움으로 남는다.

국가별 시장 성향도 기획에 큰 영향을 미친다. 유럽은 전통 클래식에 대한 피로감으로 현대음악, 즉흥 연주, 여성·비주류 작곡가, 전자음악 등이 큰 인기를 얻고 있다. 일본은 바흐, 모차르트, 쇼팽 등 전통적인 바로크·고전 음악이 여전히 강세이며, 프로코피예프나 쇼스타코비치 등은 상대적으로 외면받는다. 미국은 시장 규모가 커서 현대음악과 정통 클래식이 모두 공존하며, 다양한 장르의 음반이 판매된다.

판타지아는 앞으로도 이러한 시장의 흐름을 반영하면서, 컴필레이션 앨범을 중심으로 독창적인 기획을 이어 갈 것이다. 다양한 작곡가의 작품 속에서 연관성을 찾아 하나의 앨범으로 엮어내는 과정이야말로 내가 가장 즐기는 작업이기 때문이다.

어쿠스틱 사운드 녹음

클래식 음악 레이블 사업에서 가장 먼저 다루고 싶은 것은 녹음이다. 클래식 음악은 기본적으로 피아노, 바이올린, 비올라, 첼로, 오보에, 클라리넷, 플루트 등 전자악기가 아닌 어쿠스틱 악기로 연주하고 녹음한다.

어쿠스틱 녹음의 장점은, 녹음만 잘하면 후반작업이 크게 필요 없다는 점이다. 반대로 이펙트를 과하게 주면 실제 악기의 질감이 사라지고 가상 악기처럼 변해 버려 장점이 사라진다. 단점은 그만큼 녹음 과정이 까다롭다는 데 있다. 마이크 배치, 악기 조율, 공간의 상태에 따라 결과물이 크게 달라진다.

판타지아 레이블의 녹음은 대부분 돌비 애트모스 믹싱을 염두에 두고 진행한다. 돌비 애트모스는 전통적인 스테레오(좌우 2채널)와 달리, 연주자가 중심이 되어 앞·뒤·좌·우·위·아래 등 모든 방향에서 소리를 경험할 수 있게 하는 공간 음향 기술이다.

오디오 녹음의 출발은 **모노**다. 모노는 마이크 하나로 하나의 채널만 녹음하는 방식이다. 홈레코딩을 하는 사람들 상당수가 모노로 녹음하지만, 스테레오에 비해 입체감이 부족하다. 스테레오 녹음은 최소 두 개의 마이크를 사용하며, 공간음을 담기 위해 앰비언스 마이크까지 더하면 보통 네 개 이상의 마이크가 필요하다. 이렇게 여러 트랙을 섞어야 풍성하고 깊이 있는 사운드가 완성된다.

돌비 애트모스는 여기서 한 단계 더 나아간다. 솔로 악기 기준으로 앞, 뒤, 위, 아래, 좌, 우 등 최소 여덟 개 채널을 각각 다른 위치에서 수음하여, 청자가 사방에서 소리를 체험할 수 있도록 만든다. 판타지아 레이블은 피아니스트 최은영, 이태이, 한규호의 앨범을 녹음 단계부터 프로듀싱했으며, 오보이스트 박수진, 트롬보니스트 고재현의 실황 앨범도 돌비 애트모스로 제작해 발매했다. 현재 이 음원들은 온라인 스트리밍 플랫폼에서 감상할 수 있다.

애플과 돌비가 공간 음향에 막대한 투자를 하면서 업계 표준도 빠르게 바뀌고 있다. 과거에는 스테레오가 기본이었지만, 이제는 돌비 애트모스가 기본 포맷이 되고, 필요할 경우 스테레오로 다운믹스해 듣는 구조다. 새로운 기술이 정착하는 데 시간이 걸리긴 하지만, 이미 2020년 이후 메이저 레이블의 클래식 앨범 대부분이 돌비 애트모스로 발매되고 있다. K-POP은 거의 전부 이 방식을 따른다.

녹음을 하는 방법은 크게 두 가지가 있다. 직접 장비를 갖추어 녹음하는 방법과, 녹음실을 대관해 엔지니어와 함께 스튜디오에서 진행하는 방법이다. 클래식 전공자들은 레코딩 경험이 많지 않아 직접 녹음을 시도하기에는 쉽지 않다. 단순히 마이크를 두는 것만으로는 해결되지 않고, 마이크 게인값 조절과 공간 음향에 대한 이해, DAW(Digital Audio Workstation) 운용 능력까지 필요하기 때문이다. 그래서 나는 가능하다면 전문 스튜디오에서 엔지니어와 함께 녹음하는 것을 권한다.

그러나 매번 스튜디오 대관과 엔지니어 비용을 감당하기는 쉽지 않다. 따라서 직접 녹음을 연습하는 것도 필요하다. 전문 엔지니어와 협업하면서 동시에 직접 녹음 경험을 쌓는 것은 큰 자산이 된다.

녹음을 위해 필요한 준비물은 DAW(PC·노트북·태블릿 설치), 오디오 인터페이스, 콘덴서 마이크, XLR 케이블, 외장 프리앰프, 마이크 스탠드(I자·T자), 녹음할 악기와 공간이다. 연습실이나 스튜디오를 보유한 음악가라면 악기와 공간은 이미 확보되어 있다고 가정할 수 있다.

작업 환경은 윈도우보다 맥OS 기반이 안정적이다. 큐베이스, 프로툴즈 같은 DAW를 윈도우에 설치할 수는 있지만 오류로 인해 작업물을 잃는 경우가 있어 나는 개인적으로 맥을 선호한다. 같은 DAW라도 맥에서 더 안정적으로 구동되는 느낌이다.

맥북이나 아이패드를 구입하면 기본으로 설치된 GarageBand가 있다. Logic Pro의 체험판 성격이지만, 체험판이라고 보기 어려울 만큼 완성도가 높다. 가라지밴드 사용법은 유튜브에 자료가 풍부하므로 이 책에서는 따로 설명하지 않겠다. 가라지밴드에 익숙해지면 로직 프로로 넘어가면 된다. 맥용 로직 프로는 299,000원에 일회성 구매가 가능하고, 아이패드 용은 월 구독제로 이용할 수 있다. 비용이 부담된다면 아이패드 버전으로 먼저 경험한 후 맥 버전으로 확장하는 것도 좋다. 두 버전을 모두 사용해 본 경험으로는, 맥용 로직 프로가 기능 면에서 훨씬 넓고 결과물의 완성 도도 높았다.

전문 스튜디오에서는 상업용 음원 녹음을 할 때(보컬 녹음을 제외하고 는) 대부분 프로툴즈를 사용한다. 가장 널리 쓰이는 DAW이자, 녹음 이후 에디팅 작업에 강점이 있기 때문이다. 그렇다고 로직이 부족한 것은 아 니다. 실제로 판타지아 레이블의 앨범들은 로직 프로와 프로툴즈를 병행 하여 제작한다. 전문 엔지니어들은 프로툴즈가 에디팅, 믹싱, 마스터링에 있어 모두 편리하다고 말하지만, 엔지니어가 아닌 나는 개인적으로 믹싱 과 마스터링에서 로직의 인터페이스가 더 직관적이라 생각한다. 처음 레 코딩을 로직으로 시작했기에 프로툴즈의 Aux와 로직의 Aux 차이가 낯설 게 느껴지기도 한다. 그러나 익숙해지면 문제 될 것은 없다.

DAW가 준비되었다면 오디오 인터페이스를 통해 PC와 마이크를 연결 해야 한다. 마이크는 XLR 케이블로 프리앰프 단자에 연결하고, 프리앰프 는 오디오 인터페이스에, 오디오 인터페이스는 다시 PC와 연결된다. 이렇 게 DAW를 통해 최종적으로 녹음이 이루어진다.

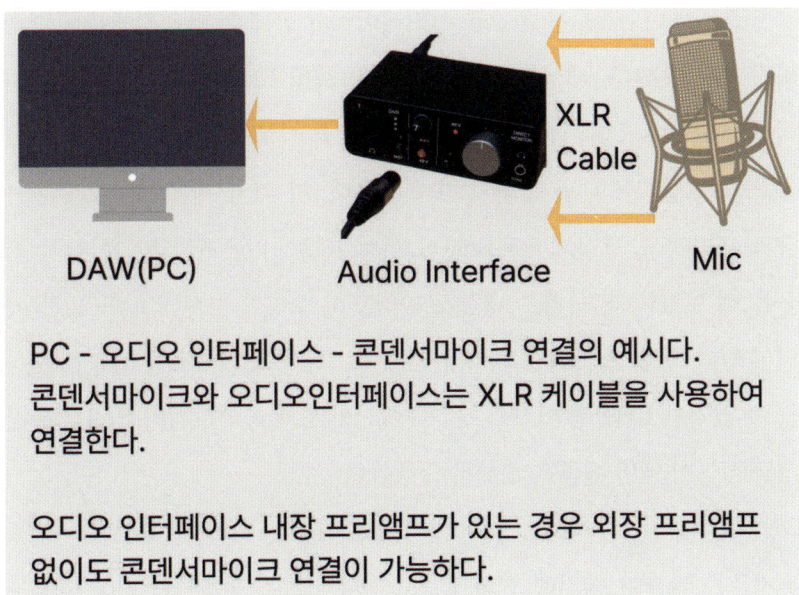

XLR
Cable

DAW(PC)　　　　Audio Interface　　　　Mic

PC - 오디오 인터페이스 - 콘덴서마이크 연결의 예시다.
콘덴서마이크와 오디오인터페이스는 XLR 케이블을 사용하여
연결한다.

오디오 인터페이스 내장 프리앰프가 있는 경우 외장 프리앰프
없이도 콘덴서마이크 연결이 가능하다.

　최근 출시되는 대부분의 오디오 인터페이스에는 내장 프리앰프가 탑재
되어 있다. 콘덴서 마이크를 사용하려면 48V 팬텀파워가 필요한데, 이 전
원 공급과 음량 증폭을 위해 프리앰프가 쓰인다. 만약 내장 프리앰프의
성능이 부족하다면 외장 프리앰프를 구입해 팬텀파워를 공급하고, 오디
오 인터페이스와는 TRS 라인 입력으로 연결하여 중복 전원이 걸리지 않
도록 해야 한다.

　홈레코딩에서 가장 많이 쓰이는 인터페이스는 Focusrite의 Scarlett 시리
즈다. 제품명은 입·출력 단자의 수에 따라 정해지는데, Scarlett Solo는 마
이크 입력 1개, 18i20은 18 Input · 20 Output을 의미하며 이 중 마이크 입
력은 8개를 지원한다.

전문 스튜디오에서는 최고급 인터페이스와 함께 외장 프리앰프를 병행하는 경우가 많다. 해상도를 높이기 위한 세팅으로 보인다. 실제로 엔지니어들과 이야기를 나눌 때 외장 프리앰프와 아웃보드(컴프레서, EQ 등)가 꼭 필요한지에 대한 논의가 자주 나온다. 나 역시 마이다스 32채널 콘솔과 프리앰프, 그리고 Focusrite Scarlett 18i20 내장 프리앰프로 각각 녹음을 해 보았는데, 의외로 내장 프리앰프의 소리가 나쁘지 않아 놀란 기억이 있다. 물론 저가의 오디오 인터페이스 내장 프리앰프는 성능을 보장할 수 없지만 100만원 이상의 가격대에서의 오디오 인터페이스 내장 프리앰프 성능이 제법 괜찮은 편이라고 생각한다.

지금은 기술이 발전해 인터페이스 하나만으로도 웬만한 기능이 모두 탑재되어 있으며, 기본 성능도 상당히 상향 평준화되었다. 실제로 한규호 피아니스트의 앨범과 시나위 앨범 역시 내장 프리앰프만으로 녹음한 음원이다.

결론적으로, 프리앰프가 포함된 오디오 인터페이스를 구입하면 충분하다. 아웃보드의 컴프레서나 EQ는 플러그인으로 대체 가능하다.

다음은 콘덴서 마이크와 XLR 케이블이다. 소리를 전기 신호로 변환하는 핵심 장비로, 주로 콘덴서 마이크를 사용한다. 콘덴서 마이크는 형태에 따라 펜슬형(스몰 다이어프램)과 라지 다이어프램을 가진 원형 또는 사각형 마이크가 있으며, 각 마이크는 고유한 지향 패턴을 가진다.

이제 구체적으로 레코딩에서 중요한 요소인 **마이크 패턴**을 살펴보자. 마이크는 크게 세 가지 지향성을 가진다.

Cardioid(단일 지향성)

정면 소리만 수음하고 측면·후면은 차단한다. 공연장에서 관객 소리를 최소화하고 타겟 사운드만 깔끔하게 담을 수 있어 가장 보편적으로 쓰인다. 스튜디오에서도 악기에 가까이 배치하면 울림보다 악기 소리를 선명하게 잡을 수 있다.

Omni(무지향성)

지향성 없이 모든 방향 소리를 담는다. 엔지니어가 공간의 특성을 잘 이해하고 컨트롤할 수 있다면, 무지향성 마이크가 주는 부드럽고 아름다운 울림은 대체 불가능하다.

Polar Pattern(양지향성)

앞과 뒤의 소리를 잡고 측면은 배제한다. 보통 두 개의 마이크를 90도로 교차 배치해 네 방향(앞·뒤·좌·우)을 모두 수음하는데, 이를 **블룸레인(Blumlein) 마이킹**이라 부른다. 다만 공간의 반사음이 거칠면 단일 지향성 마이크만 사용하는 편이 낫다. 자연스러운 울림을 주는 공간에서는 양지향성과 무지향성 마이크의 매력이 크다.

마이크 배치도 매우 중요하다. 악기별 스팟 마이크를 두고, 녹음 후 악보를 보며 밸런스를 맞춰 믹스하는 방식이 기본이다. 예를 들어, 피아노 솔로 녹음은 보통 다음과 같이 진행된다.

- 피아노 가까이에 근접 스테레오 마이크 배치
- 약간 떨어진 위치에 앰비언스 마이크 설치
- 피아노 좌·우 공간에 마이크 배치
- 피아노 후면에 스테레오 마이킹
- 천장에서 아래로 향하는 마이크 배치

이렇게 다층적으로 수음한 뒤, 믹싱 과정에서 각 채널을 적절히 배분해 하나의 유기적인 사운드를 완성한다.

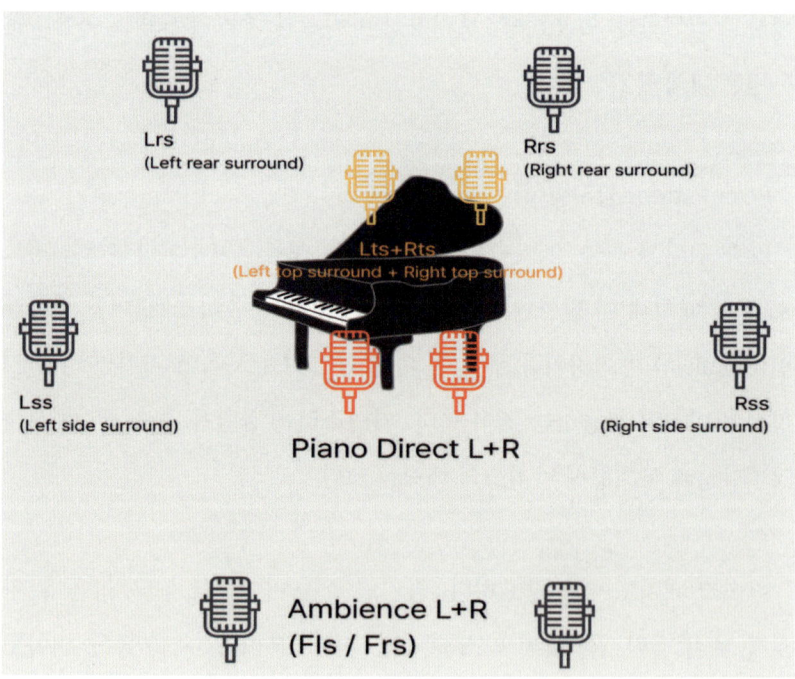

주로 사용하는 피아노 솔로 녹음 마이킹 방식 가운데 가장 보편적인 방법을 그림으로 정리해 보았다. 피아노 가까이에는 스테레오 마이크를 배치하고, 소리가 방출되는 정면에는 앰비언스 마이킹을 더한다. 또한 좌우 양측의 앰비언스 마이크, 천정 앰비언스, 그리고 후면 스테레오 마이킹을 함께 사용한다.

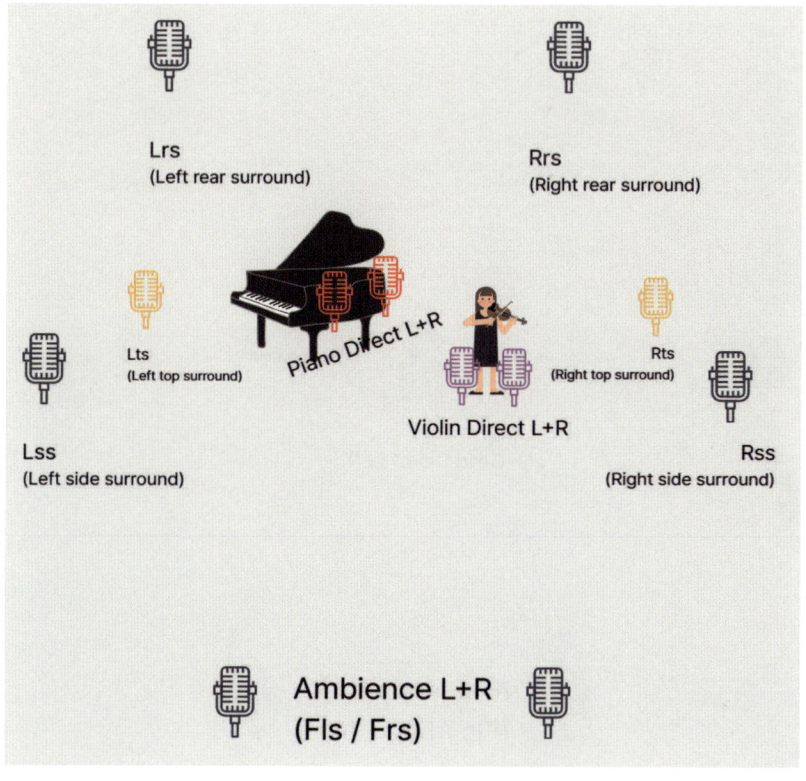

피아노 외에 다른 악기가 하나 더 들어와도 원칙은 크게 달라지지 않는다. 각 악기마다 다이렉트 스테레오 마이킹을 추가하면 된다. 예를 들어

비올라와 첼로가 함께한다면, 두 악기에 각각 마이크를 배치하면 된다.

피아노가 아닌 다른 악기의 솔로 녹음도 원리는 같다. 아래 그림에서 보듯, 연주자(악기)는 다이렉트 마이킹을 적용하고, 주변에는 공간 앰비언스를 배치해 녹음한다.

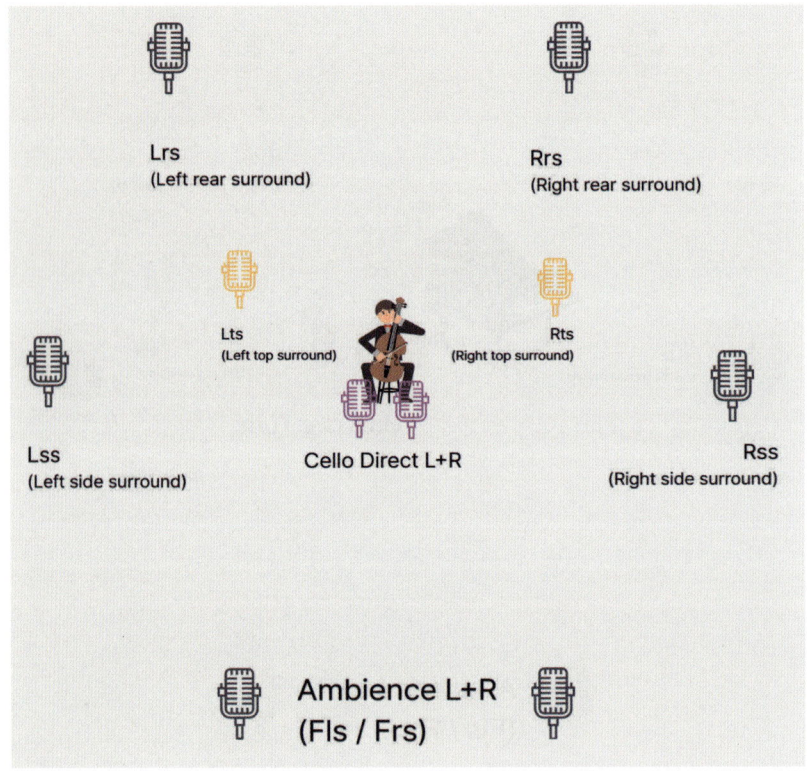

돌비 애트모스를 염두하지 않더라도 스테레오 음원도 같은 방식으로 마이킹하여 작업할 수 있으며 스테레오 음원의 사운드를 더욱 풍성하고

공간감 있게 만들어 주기에 여러 채널로 녹음하여 믹싱하는 것을 권하는 편이다.

마이크 세팅과 DAW 연결까지 마쳤다면, 이제 프로젝트 파일을 만들어야 한다. 여기서는 로직을 기준으로 설명하겠다. 나는 돌비 애트모스 음원이든 스테레오 음원이든 모두 모노로 녹음해 믹스하는 방식을 선호한다. 엔지니어에 따라 스테레오 트랙을 생성해 작업하기도 하지만, 모노로 녹음한 뒤 트랙을 Bus로 묶어 사용하는 편이 믹싱 과정에서 더 편리했다.

맥에서 로직프로를 열고 상단 메뉴의 파일-신규를 눌러 프로젝트를 생성한다.

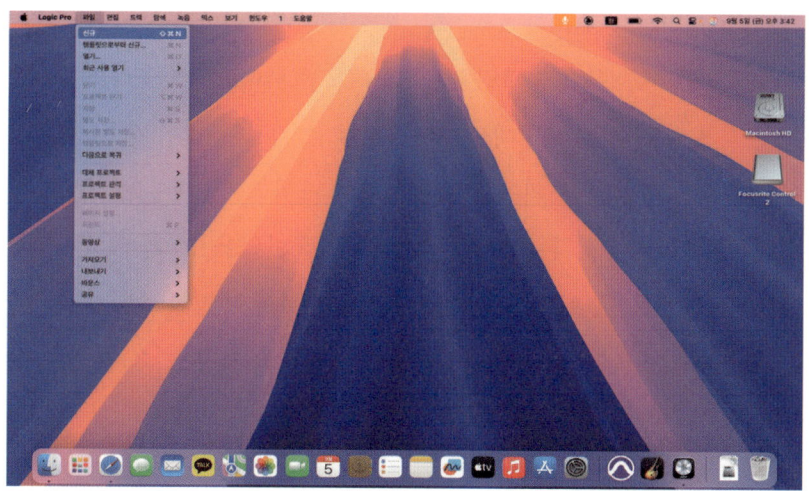

프로젝트를 만들고 나면 새로운 트랙 생성 창이 열린다. 이때 가장 오른

쪽에 있는 '오디오'를 선택하고, 8개의 마이크를 세팅했다고 가정하면 생성할 트랙 수에 8을 입력한다.

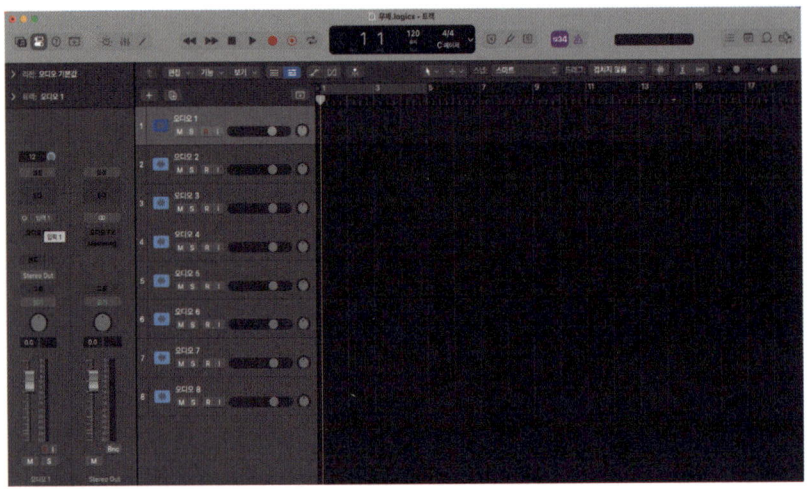

입력 후 생성 버튼을 누르면 8개의 오디오 트랙이 만들어진다. 각 트랙을 선택한 뒤, 왼쪽 입력창에서 마이크 번호를 지정해 준다. 예를 들어 피아노 솔로 녹음이라면, 피아노 Left와 Right 마이크를 1번과 2번, 정면 앰비언스를 3번과 4번, 후면 앰비언스를 5번과 6번, 그리고 좌우 앰비언스를 7번과 8번에 연결했다면, 각 트랙에 해당 번호를 매칭해 주면 된다.

녹음을 시작하기 전에 반드시 설정해야 할 부분이 있다. 로직 상단의 녹음 탭에서 '녹음 설정'을 눌러 들어가자.

녹음 설정에 들어가 오디오 탭을 누르면 샘플률을 확인할 수 있다. 초기 설정은 44.1kHz로 되어 있을 수 있다. 스테레오 녹음에서는 큰 문제가 없지만, 돌비 애트모스 작업을 염두에 둔다면 48kHz 로 설정하는 것이 좋다.

그다음, 사용하는 오디오 인터페이스의 소프트웨어를 열어 샘플률을 로직 프로젝트와 동일하게 맞춰야 한다. 예를 들어 오디오 인터페이스가 48kHz, 로직 프로젝트가 96kHz로 설정되어 있다면 녹음 오류가 발생할 수 있다. 버퍼 사이즈도 동일하게 맞춰 주는 것이 좋다.

오디오 인터페이스의 Gain값 설정도 매우 중요하다. 마이크에 소리가 얼마나 증폭되어 입력될지를 조정하는 것으로, 피아노 녹음의 경우 근접 마이크의 게인값을 보통 23-33dB 사이로 설정한다. 하지만 마이크와 프리앰프마다 입력 레벨이 달라 20-50dB 범위 내에서 소리가 너무 크거나 작지 않도록 조절하는 것이 좋다. 모니터링 헤드셋이나 스피커로 확인하며 조정할 수 있지만, 공연장과 같은 라이브 환경에서는 정확하지 않을 수 있으므로, Gain을 설정한 후 사운드 체크 겸 짧게 녹음을 진행하고 오디오 파형을 확인하며 최종값을 결정하는 것이 바람직하다.

이동화 피아노 독주회 실황을 녹음한 프로젝트를 예로 들면, 피아노 근접 마이크는 25dB, 앰비언스 마이크는 모두 20dB로 통일하여 녹음하였다. 오디오 파형은 최대치까지 꽉 차기보다 적당히 헤드룸을 남기되, 너무 작아 작업이 어려울 정도는 아니어야 한다. 파형이 위아래 여백을 남기고 절반 정도 크기라고 생각하면 이해하기 쉽다. 게인값을 설정한 이후 사운드체크 과정에서 채널 입력값을 확인해 보는 것이 좋다. 아날로그 미터기에서 0db가 디지털에서는 -18db이므로 마이크의 게인값을 모두 설정한 이후 들어오는 입력값이 -18db 이내로 되도록 맞추는 것이 과도한 증폭으로 인한 왜곡을 줄이는 방법이다.

파형이 작게 녹음되어 잘 보이지 않더라도 우선 녹음한 이후 후작업으로 각 트랙의 음량을 키워 주면 되기에 크게 신경 쓰지 않아도 괜찮다.

녹음하는 공간에 따라 다르겠지만, 앰비언스로 사용하는 마이크에는 240Hz까지 로우컷을 적용해 주는 것이 좋다. 공간에서 발생하는 진동이나 과도한 저음을 차단해 주는 역할을 하여 앰비언스의 반사음을 더 깔끔하게 녹음할 수 있다.

디지털믹서를 사용하거나 혹은 프리앰프에 로우컷과 하이패스필터 기능이 있다면 사용하는 것을 권장한다.

게인값 설정이 끝나면, 각 트랙의 M, S, R 중 R 버튼을 눌러 레코딩을 활성화하고, 상단의 빨간 동그라미 버튼을 눌러 녹음을 시작하면 된다. 여러 곡을 녹음할 때도 하나의 프로젝트 안에서 작업하는 것을 권장한다. 앨범의 설정값이 모두 다르면 통일성이 없기 때문에, 하나의 프로젝트에 모든 곡을 녹음해 같은 조건의 리버브와 EQ를 적용하는 것이 깔끔하다.

믹싱과 마스터링의 이해

녹음이 끝나면 이제 믹싱과 마스터링 단계로 넘어간다. 먼저 두 작업의 의미부터 살펴보자. 믹싱은 녹음된 각 트랙에 리버브, 컴프레서, EQ(Equalizer/이퀄라이저) 등의 효과를 적용하고, 트랙별 데시벨을 조정해 듣기 좋고 자연스러운 하나의 음원으로 완성하는 과정이다. 마스터링은 믹싱을 마친 음원의 음압을 끌어올리고 부족한 부분을 다듬어 최종적으로 완성도를 높이는 작업이다. 클래식 음원은 녹음 원음의 질이 무엇보다 중요하기 때문에 믹싱과 마스터링에서 큰 변화를 주지 않는 경우가 많다.

핵심은 처음부터 악기와 연주, 마이크 배치가 좋아야 한다는 점이다. 믹싱과 마스터링 단계에서는 보통 간단한 EQ와 리버브만으로 마무리한다.

믹싱 과정에서는 먼저 효과를 적용할 트랙을 제외한 나머지 트랙을 M 버튼으로 모두 뮤트한다. 첫 번째 트랙에 EQ와 리버브를 적용한 뒤, 두 번째 트랙의 뮤트를 해제해 두 트랙을 함께 들어 본다. 이어 첫 번째 트랙을 뮤트하고 두 번째 트랙만 들어 효과를 적용한 뒤, 다시 두 트랙을 합쳐 확인한다. 이런 과정을 8개 트랙 모두에 반복하고, 마지막에는 전체 뮤트를 해제하여 함께 들어 본다.

리버브를 과도하게 넣으면 소리가 울려 명확하지 않게 들리므로, 각 트랙에 적당히 리버브를 주어 전체가 함께 재생될 때 자연스럽고 균형 잡힌 울림이 되도록 조정해야 한다.

이제 로직 프로를 이용한 클래식 음악 믹싱의 실제 예시를 살펴보자. 최은영 피아노 리사이틀 Live 앨범에서는 스테레오 버전과 돌비 애트모스 믹스를 각각 진행하였다. 녹음이 완료된 음원은 편집을 통해 시작과 끝을 정리하고, 페이드 인·아웃을 넣어 자연스럽게 시작하고 매끄럽게 마무리되도록 다듬는다.

편집을 마친 트랙에는 각기 필요한 이펙트를 부여한다. 아웃보드를 이

용해 하드웨어로 이펙트를 걸 수도 있지만, 디지털 플러그인 역시 성능이 충분하다. 특히 포커스라이트 오디오 인터페이스를 구입하면 함께 제공되는 번들 소프트웨어도 활용 가치가 높다.

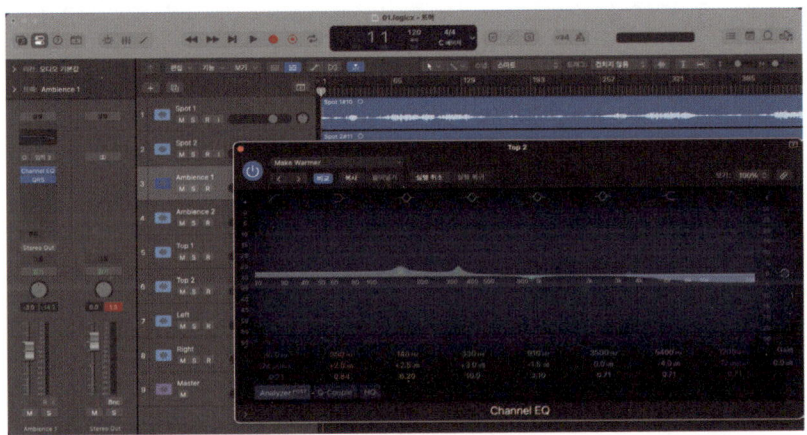

　왼쪽 패널에서 가장 먼저 채널 EQ를 불러와 적용한다. EQ 설정은 개인의 사운드 취향에 따라 달라지지만, 나는 보통 날카로운 고음역대의 반사음을 줄이고 중저음과 중음역대를 부스트해 따뜻한 사운드를 만드는 편이다. 음원을 재생하면서 각 음역대의 점을 직접 위아래로 움직여 가며 원하는 소리를 찾아가는 과정이 가장 효과적이다.

　다음으로 적용할 효과는 리버브다. 리버브란 소리의 잔향으로, 음이 연주된 뒤 사라지기까지의 시간을 조절할 수 있다. 개인적인 취향이 크게 작용하는데, 나는 파장이 길게 이어지며 애매하게 잔향이 남는 리버브는 선호하지 않는다. 대신 담백하게 울림만 더해 주는 방식을 좋아해, 모든 트랙에 거의 동일하게 2.24초에서 최대 3초까지의 리버브타임만 설정한다.

　리버브타임이 길어질수록 울림이 늘어난다. 로직프로에 탑재된 기본 리버브 플러그인 중 괜찮다고 생각하는 것은 Quantec Room Simulator 인데, 여기에는 Room Size, Reverb Density, 1st Reflection Level, Reverb Delay, Reverb Level 등의 항목이 있다. 처음 보면 복잡해 보이지만 하나씩 살펴보자.

　우선 **Room Size**는 공간의 크기를 의미한다. 값을 크게 할수록 소리가 멀리서 울리는 듯한 공간감을 주고, 작게 하면 소리가 가까워진다. 공연장의 넓은 울림을 재현하고 싶다면 Room Size를 크게 설정하면 된다.

리버브에는 **Dry와 Wet**이 있는데, Dry는 잔향이 거의 없는 상태이고 Wet은 잔향이 강하게 더해져 소리를 왜곡시키는 상태다. 마치 습기 가득한 욕실에서 나는 소리와 같다. 나는 Wet을 최소화하고 Dry를 적당히 섞어 밸런스를 맞춤으로써, 끝이 길지 않고 담백한 리버브를 구현한다.

마지막으로 **1st Reflection Level**, 즉 초기 반사음의 레벨이다. 초기 반사음은 소리가 발생한 뒤 가장 먼저 반사되어 되돌아오는 음으로, 흔히 프리딜레이(Pre-delay)라고 부른다. 공간이 넓을수록 초기 반사음이 도달하는 시간이 길어지므로, 청자는 그만큼 공간이 크다고 인식하게 된다. 보통 개별 트랙에서는 이런 공간 크기 조절보다는 가벼운 울림만 주고, 전체 스테레오 마스터링 단계에서 필요한 경우 딜레이와 프리딜레이를 추가하여 마무리한다.

요즘은 오디오 인터페이스를 구매하면 무료로 제공하는 번들 플러그인 이펙트가 다양하기에 DAW에 기본으로 내장된 플러그인이 아니라도 외부 플러그인을 구입하거나 무료로 다운로드 받아 사용하는 것도 좋다.

내장 리버브의 예시로 Quantec Room Simulator를 가지고 왔지만 나는 Lexicon에서 나온 L480과 L224를 즐겨 사용하는 편이다. Quantec과 달리 Lexicon 리버브 플러그인은 각 트랙에 거는 것보다는 모든 채널을 Bus1으로 보내고 Bus1에 리버브를 걸어준 뒤 샌드온페이더에서 리버브 양을 조절하는 방식으로 작업한다. 다른 외부 플러그인 이펙트도 Bus 채널을 할당하여 페이더를 통해 믹스하는 것을 권장한다.

클래식 어쿠스틱 믹싱 과정에서 적용하는 이펙트는 이 정도에서 마무리하는 편이다. 엔지니어에 따라 리미터를 걸어 음량을 맞추거나, 프리앰프에서 충분히 증폭되지 않아 작은 소리를 보정하기도 하지만, 이런 작업은 대부분 믹싱이 아닌 마스터링 단계에서 이루어진다.

다음 단계는 각 채널별 볼륨 조절이다. 모든 트랙이 0db에 맞춰져 있다면, 시끄럽고 음역대가 뭉쳐 좋지 않은 사운드가 출력된다. 따라서 믹서 창을 열어 트랙 간 밸런스를 조정해야 한다.

여기서 중요한 것은 어떤 사운드를 의도하느냐에 따라 세팅이 달라진다는 점이다. 일반적으로는 근접한 마이크로 수음한 스테레오를 메인으로 두고, 앰비언스 트랙의 볼륨을 낮춰 가벼운 울림과 공간감을 더하는 방식이 많이 쓰인다. 그러나 경우에 따라서는 근접 스테레오보다 앰비언스 트랙의 데시벨을 높여, 홀의 울림과 공간감을 강조하는 방식으로 제작하기도 한다.

즉, 모든 상황에 동일한 세팅값을 적용할 수는 없다. 오히려 그런 고정된 접근은 위험하다. 항상 프로젝트의 성격과 제작 의도, 청자에게 전달하고자 하는 사운드의 방향을 먼저 고민해야 하며, 작업 과정에서도 수시로 사운드를 직접 들어 보고 귀로 판단하는 것이 가장 중요하다.

우선 로직 프로 상단의 믹서 아이콘을 눌러 믹서창을 열면 아래와 같은 화면이 나타난다.

각 트랙별 볼륨은 두 가지 방법으로 조절할 수 있다. 첫째, 믹서의 페이더를 마우스로 잡아 위아래로 드래그하는 방법이고, 둘째, dB 값을 직접 입력하여 수치로 맞추는 방법이다. 녹음된 음원을 재생하며 귀로 확인하면서 레벨을 조정하는 것이 좋다.

나의 경우, 근접 스테레오 마이크의 사운드가 과도하게 크지 않다면 별도의 조정을 하지 않고 그대로 둔다. 만약 지나치게 크게 녹음되었다면 보통 2dB에서 3dB 정도 낮춰 준다. 반면 앰비언스 트랙은 대체로 균일하게 18dB에서 25dB 정도 줄여 공간감이 살짝만 느껴질 정도로 전체적인 밸런스를 맞추는 편이다.

여기서 반드시 주의해야 할 점은 **Stereo Out과 Master** 채널에서 **피크가**

발생하지 않아야 한다는 것이다. 음량이 0dB 이상으로 넘어가면 게이지 바가 초록색에서 노란색-주황색-빨간색으로 바뀌며, 이는 음량이 과도해 소리가 깨질 위험이 있음을 의미한다. 이런 경우 전체적으로 레벨을 낮추고 다시 밸런스를 조정하여, 최종적으로는 0dB 이상 올라가 빨간 게이지가 뜨지 않도록 마무리하는 것이 중요하다.

또한 스트리밍 플랫폼은 대부분 음원의 라우드니스를 -14LUFS로 제한한다. 이는 -14LUFS를 넘어가면 청자에게 과도한 음압이 전달되거나 소리가 깨질 수 있기 때문이다. 대중음악에서는 흔히 '라우드니스 워(Loudness War)'라 불리는 음량 경쟁이 벌어지지만, 클래식 음악에서는 다행히 그 정도로 심하지는 않다. 사람의 귀는 음량이 크면 음질이 더 좋다고 착각하는 경향이 있기 때문에, 대중음악계에서는 음량을 가능한 한 높여 배포하는 추세가 강하다. 그러나 판타지아 레이블에서는 라우드니스를 인위적으로 끌어올리지 않는다. 녹음된 어쿠스틱 사운드의 자연스러운 다이내믹과 음량을 최대한 보존하는 방식을 택한다.

스테레오 음원이 완성되면 이제 최종 추출 단계, 즉 **바운스(Bounce)** 작업으로 넘어간다. 맥북에서는 단축키 Command + B를 누르면 바운스 창이 열리며, 이 과정을 통해 음원을 파일로 추출할 수 있다.

스테레오 원본 파일은 **비압축 WAVE 형식**으로 바운스하고, 모니터링 용도로는 **MP3 형식**을 함께 추출한다. 바운스 창에서 WAVE와 MP3를 동시에 체크하면 두 가지 파일을 한 번에 생성할 수 있어 편리하다.

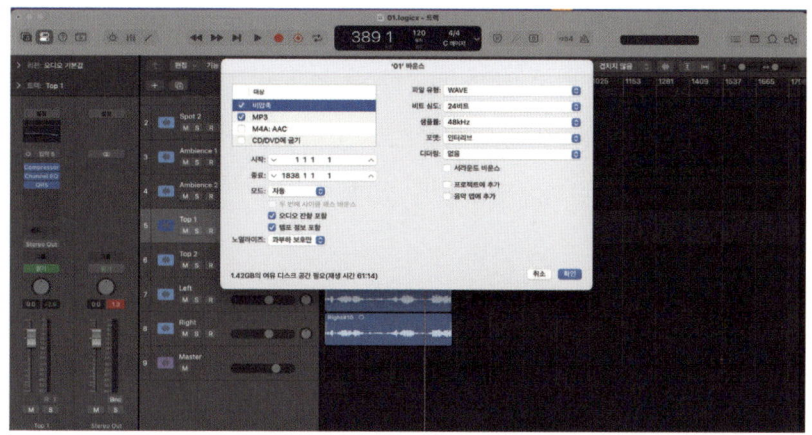

　기본 설정은 **WAVE, 24비트, 48kHz**를 기준으로 한다. 다만 녹음을 96kHz로 진행했다면, 48kHz와 96kHz 버전을 모두 추출해 유통사에 제공하는 것이 좋다.

　실제 음원 유통 시에는 비압축 WAVE 파일과 함께, 내부 검토와 모니터링을 위한 MP3 파일도 함께 요구되기 때문에 두 가지 모두 준비해야 한다.

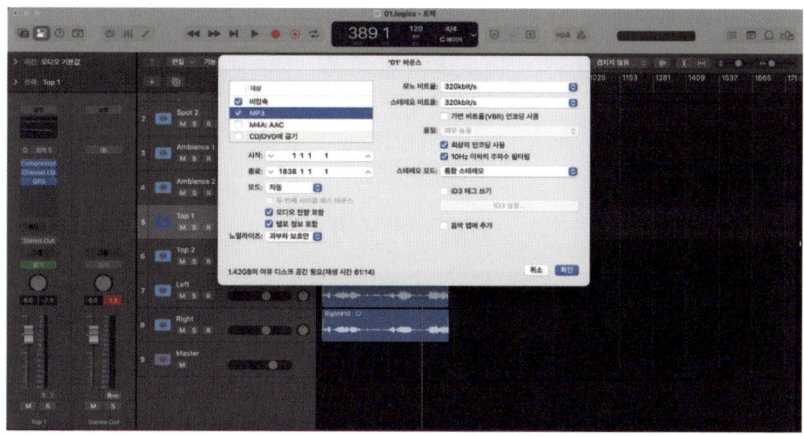

MP3 파일은 모니터링 용도로만 사용되므로 WAVE 파일처럼 음질에 크게 구애받을 필요는 없다. 다만 가능한 한 높은 비트율로 추출하는 것이 좋다. 나의 경우 주로 **256kbps 이상**으로 설정하는데, 이 정도면 모니터링이나 공유용으로 무난하게 활용할 수 있다.

스테레오 작업을 완료한 프로젝트에서 돌비 애트모스 믹스로 넘어가려면, 먼저 **녹음 탭 → 녹음 설정**으로 들어간다. 오디오 탭에서 공간 음향(Spatial Audio)을 **Dolby Atmos**로 설정하면 다음과 같은 안내 문구가 나타난다.

"공간 음향으로 믹싱하기 위해 프로젝트가 7.1.2 서라운드로 변환됩니다."

여기서 **확인** 버튼을 누르면 프로젝트가 돌비 애트모스 믹싱에 맞게 자동으로 **7.1.2 서라운드 구조**로 변환된다. 이제 각 트랙을 스테레오에서 3차원 공간 음향 환경으로 배치할 준비가 완료된다.

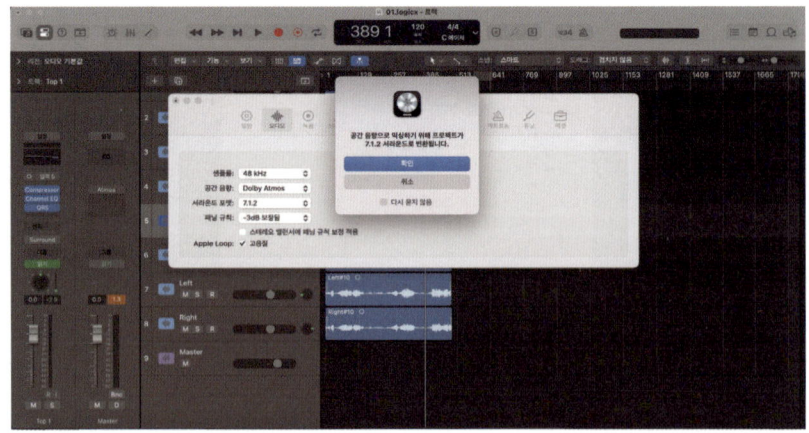

스테레오 프로젝트와 달리, 돌비 애트모스 프로젝트에서는 **패닝 (Panning)에 점(Point)이 생긴다.** 각 트랙마다 이 점을 이동시키면 소리가 나오는 **위치와 높이**를 조정할 수 있다.

예를 들어 **왼쪽 앰비언스 마이크**는 왼쪽 위치로,
오른쪽 앰비언스 마이크는 오른쪽 위치로 배치할 수 있다.

심지어 소리가 들리는 높이까지 조절이 가능해, 공간감과 입체감을 세밀하게 표현할 수 있다.

이 기능 덕분에 단순한 좌우 스테레오가 아니라, 연주자가 실제 공연장에서 느껴지는 **3차원 공간 속의 소리**를 만들어 낼 수 있어 믹싱 과정이 훨씬 흥미롭고 창의적이다.

마이크를 배치한 위치와 높이를 기억하여 돌비 애트모스 믹싱에 그대로 적용하면 된다. 다이렉트 스팟 마이크는 패닝 점을 중앙에 위치시켜, 청자의 시점에서 소리가 정중앙에서 바로 들리도록 한다. 정면의 앰비언스 마이크는 좌우로 각각 배치하고, 높이는 실제 마이크 위치에 맞추어 공간감을 유지한다. Lrs와 Rrs는 뒤쪽 좌우로 배치하여 뒷편에서 소리가 들리도록 하고, Ls와 Rs는 양측에 위치시켜 전방향 서라운드 사운드가 전달되도록 한다.

Dolby Renderer를 열면 청자가 실제로 소리에 감싸이는 모습을 시뮬레이션으로 확인할 수 있다.

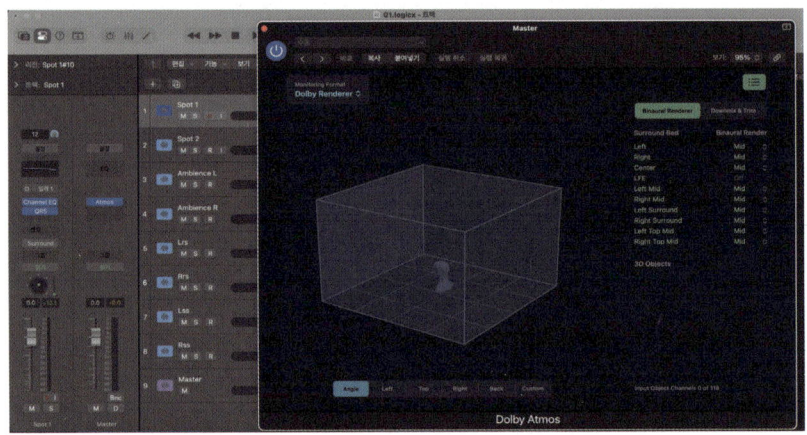

여기서 청자를 기준으로, 정면과 후면, 측면의 사운드 배치를 조정하여 소리가 어떻게 들리는지도 시뮬레이션할 수 있다. 이제 작업이 완료된 돌비 애트모스 음원의 추출을 해 보도록 하자. 스테레오 음원과 마찬가지로

Command+B 단축키를 눌러 바운스한다.

마찬가지로 바운스 과정을 진행하지만, 한 가지 다른 점은 모니터링용 음원을 MP3 포맷으로 출력할 수 없다는 것이다. 비압축 파일로 모니터링 음원을 추출해야 하며, 파일 형식은 WAVE, 비트 심도는 24비트, 샘플률은 48kHz로 설정하고, 서라운드 바운스 옵션에 체크해야 한다. 돌비 애트모스 음원은 유통사에서 ADMBWF 형식의 WAVE 파일로 받기 때문에, 이렇게 바운스한 모니터링용 비압축 음원은 유통사에 제출할 수 없다.

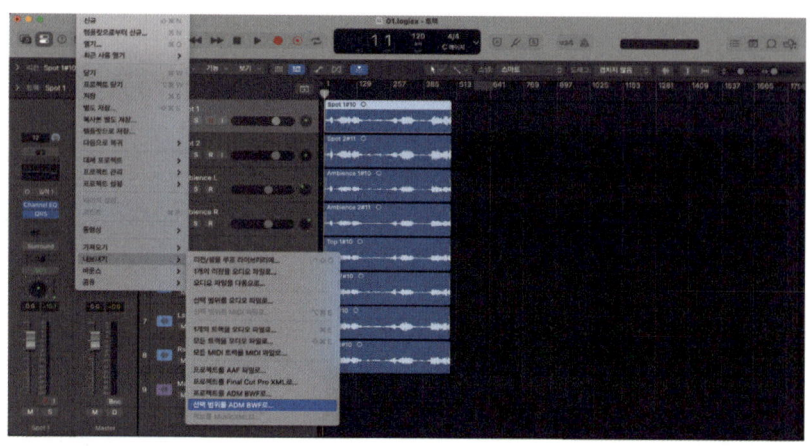

따라서 유통사에서 요구하는 ADM BWF 형식의 파일로 추출하려면, 로직프로에서 **파일 탭 → 내보내기 → 선택 범위를 ADM BWF로** 선택하여 파일을 추출하면 된다.

여기까지 믹싱과 마스터링, 그리고 파일 추출 과정까지 살펴보았다. 가장 이상적인 방법은 전문 마스터링 스튜디오에 믹싱과 마스터링을 의뢰하는 것이지만, 직접 경험해 보는 것 역시 음원 제작의 전체 흐름을 이해하고 익히는 데 큰 자산이 된다.

전문 스튜디오에 의뢰하더라도 "그냥 알아서 해 주세요"보다는 구체적인 요구사항을 전달하는 것이 엔지니어와의 소통을 원활하게 하고, 최종 결과물의 품질을 높이는 데 도움이 된다.

책에서는 로직프로를 사용한 믹싱, 마스터링, 바운스, 파일 추출 과정을 다뤘지만, 대부분 상업용 스튜디오에서 사용되는 프로툴즈의 워크플로우도 대략적으로 익혀 두면 향후 작업에 유용하다.

책에서는 다루지 않았지만, 채널스트립을 사용하여 프리앰프 사운드를 입히는 작업과 컴프레서를 이용하여 어택을 조절하여 원하는 사운드의 질감을 만들어 낼 수 있으며 Ocean Way Studio와 같은 플러그인은 공간감을 만들어 내는 것도 가능하다.

마지막으로 클래식 음악은 스테레오 음원에서 -21db, 돌비 애트모스에서 -18db로 유통사에 납품하는 것을 권장한다. 하지만 나도, 책을 읽는 독자도 사운드 엔지니어가 아닌 경영자, 연주자의 입장이라는 점을 생각한다면 이 정도 내용만 알아도 엔지니어와의 소통이 원활해질 것으로 생각한다.

1.4.

DDP 파일과 ADM BWF 돌비 애트모스 파일

최근 음악 트렌드는 대부분 피지컬 앨범, 즉 실물 CD를 생산하여 판매하기보다는 디지털 앨범으로 발매하는 쪽으로 이동하고 있다. 스마트폰이 보급되고 대중화되면서 CD 플레이어를 소유한 사람은 이제 매우 드물다. 매니아층을 제외하면 아날로그 감성을 찾기 어렵다.

디지털 앨범을 국내외 다양한 플랫폼에 발매하는 것이 오히려 듣는 이에게 더 고음질의 음원을 제공할 수 있다. CD에는 44.1kHz/16비트 스테레오 음원이 들어가지만, 디지털 음원은 48kHz/24비트 이상의 고음질 무손실 음원과 돌비 애트모스 공간음향 음원의 청취가 가능하기 때문이다.

그럼에도 소장용이나 한정 판매용으로 피지컬 앨범을 제작하는 경우를 위해, DDP 파일에 대해 이야기하고자 한다. 사실 판타지아 레이블은 아직 피지컬 앨범을 제작하거나 유통하지 않고 있다. 그 이유는 수익성이 낮기 때문이다. 피지컬 앨범을 프레싱하는 비용과 판매 과정에서 발생하는 유통비용을 고려하면, 판매량이 많지 않을 음반을 제작하는 것은 수지 타산이 맞지 않는다.

믹싱과 마스터링이 완료된 음원이 있다고 해도, 그것을 바로 CD에 구워서는 안 된다. 이렇게 할 경우, CD를 소유한 누구나 파일을 쉽게 복제하고 옮길 수 있어 저작권 침해의 위험이 있기 때문이다. 따라서 CD 제작 시에는 DDP 파일을 사용하여 굽는다.

DDP 파일은 **Disc Description Protocol**의 약자로, CD 제작을 위해 음원을 디지털로 완벽하게 전달하는 표준 파일 형식이다. 단순한 오디오 파일(WAV, AIFF 등)과 달리, DDP는 음원뿐 아니라 트랙 간 간격, CD 텍스트, CD-Text 메타데이터, ISRC 코드 등 CD 제작에 필요한 모든 정보를 포함한다.

주요 특징은 다음과 같다.

1. CD 제작 전용 패키지
DDP 파일 하나만 있으면 CD 프레스 공정에서 바로 사용할 수 있다.
트랙 순서, 길이, 트랙 간 간격, 마스터 볼륨 등 모든 설정이 포함되어 오류를 최소화한다.

2. 무손실 전달
WAV처럼 비압축 PCM 데이터를 담고 있어 음질 손실이 없다.
인터넷을 통해 CD 제작 업체에 파일을 전달할 때도 음질을 보장할 수 있다.

3. 메타데이터 포함

트랙 제목, 아티스트, ISRC 코드, 앨범 정보 등을 함께 저장할 수 있어 CD 라벨과 데이터 정보를 정확하게 전달한다.

4. 프리뷰 및 검증 가능

대부분의 DDP 플레이어와 검증 소프트웨어에서 실제 CD 제작 전, 트랙과 간격, 볼륨 등을 시뮬레이션하고 확인할 수 있다.

이를 통해 제작 오류를 사전에 방지할 수 있다.

결론적으로 DDP 파일은 CD 제작을 위한 완전한 디지털 마스터 패키지라 이해할 수 있다. WAV 파일처럼 단순히 음원만 담는 것이 아니라, 실제 CD로 나올 모습을 그대로 포함하고 있어 CD 제작 과정에서 필수적으로 사용된다.

현재 판타지아 레이블을 운영하면서 나는 DDP 파일을 생성하는 소프트웨어를 직접 보유하고 있지 않다. DDP 파일을 생성해야 할 경우에는 마스터링 스튜디오에 의뢰하면 파일을 제작해 준다. 이때 앨범 아트와 메타데이터를 포함한 비압축 WAV 파일을 스튜디오에 전달하면 된다.

또 한 가지, 디지털 음원 유통 시 스테레오 음원과 돌비 애트모스 음원 간에는 차이가 있다. 스테레오 음원으로 발매할 경우에는 모니터링용

MP3 파일과 비압축 WAV 파일만 유통사에 전달하면 된다. 반면 돌비 애트모스 음원을 발매하려면, 스테레오 음원과 함께 돌비 애트모스로 믹스된 ADM BWF(Audio Description Model Broadcast Wave Format) 형식의 음원 파일도 함께 전달해야 한다. ADM BWF 파일의 추출 방법은 앞서 믹싱·마스터링 파트에서 설명했으므로, 여기서는 생략한다.

앨범아트 디자인

음원이 모두 제작되었다면 발매를 위해 앨범 아트가 필요하다. 앨범 아트란 음원 플랫폼에서 내 음악을 찾을 때 노출되는 앨범 커버 이미지를 말한다. 앨범 아트에는 규격이 정해져 있는데, 정사각형 형태의 3000×3000px가 표준이다. 해상도는 300ppi 정도면 충분하다. 포토샵으로 작업할 경우 웹용 72ppi로도 가능하지만, 해상도가 높으면 이미지가 더 선명하게 보이고, 이후 피지컬 앨범 디자인의 첫 페이지로 활용할 수도 있으므로 가능한 한 높은 해상도로 작업하는 것이 좋다.

모두가 어도비 포토샵을 능숙하게 다룰 수 있다면 좋겠지만, 현실적으로 그렇지 않은 경우가 많다. 또한 반드시 포토샵을 잘 다뤄야 하는 것도 아니다. 나는 컴퓨터학원에서 국비 지원으로 포토샵 GTQ 과정을 수강했지만, 실제 디자인 작업은 대부분 미리캔버스(Miricanvas)를 이용한다. 포토샵은 이미지 업스케일링이나 세밀한 조정이 필요할 때만 열어 조금씩 사용하는 정도다.

미리캔버스 사용법은 매우 간단하다. 먼저 회원 가입 후 로그인하고, '디자인 만들기'를 클릭하면 바로 디자인을 시작할 수 있다.

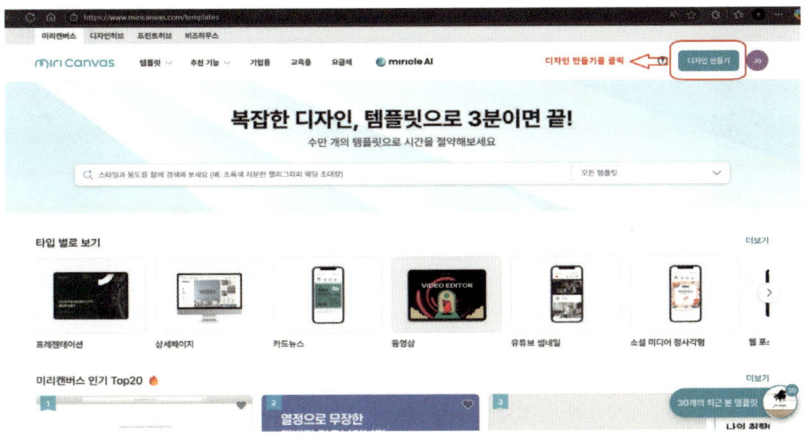

'디자인 만들기' 창을 클릭하면 아래와 같은 화면이 나온다. 화면에서 **직접 입력**을 선택한 뒤, 가로와 세로를 각각 3000픽셀로 설정한다. 여기서 **px**는 픽셀(Pixel)을 의미한다. 설정을 마친 후 **새 디자인 만들기**를 누르면 캔버스가 생성된다. 캔버스란 앞으로 그림이나 디자인을 그릴 도안을 뜻한다.

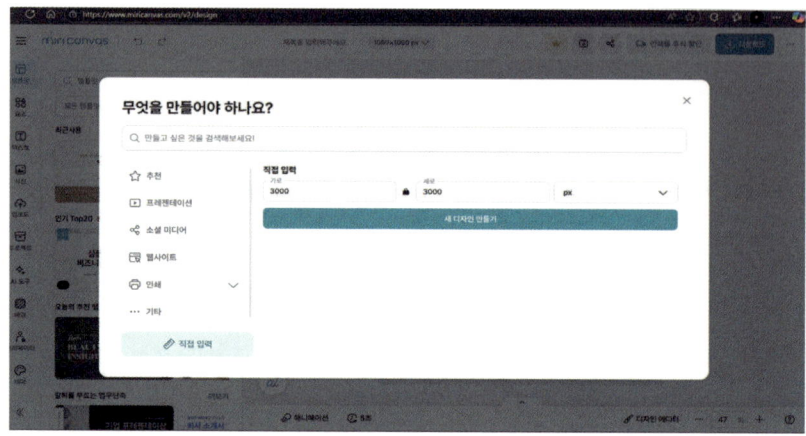

이제 본격적으로 디자인을 시작한다. 판타지아 레이블과 같은 클래식 음악 레이블을 운영할 계획이라면, 먼저 디자인의 **포맷**을 만드는 것이 좋다. 하나의 포맷을 설정해 두고, 이후 아티스트 이름과 사진만 교체하며 앨범아트를 제작하면, 브랜드 아이덴티티의 통일성을 유지할 수 있을 뿐 아니라 비용과 시간을 절감할 수 있다.

보통 레이블에서는 아티스트 프로필 사진을 배경으로 사용하고, 아티스트 영문명과 앨범명을 텍스트로 작성하며, 마지막으로 레이블 로고를 상단에 배치하는 방식을 선호한다. 매번 새로운 디자인을 시도하면 비용과 시간이 증가할 뿐 아니라, 브랜드 아이덴티티가 희석될 수 있기 때문에 **통일된 포맷 사용을 권장**한다.

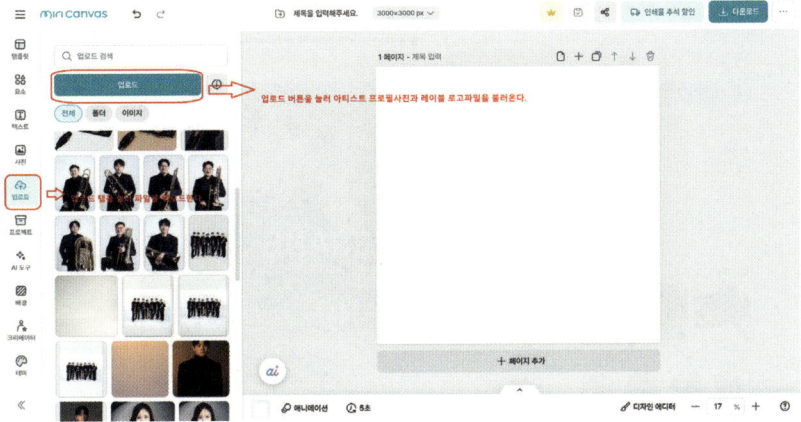

　편집창 메뉴에서 **업로드**를 클릭하면 업로드 창이 나타난다. 여기서 위쪽의 초록색 **업로드** 버튼을 눌러 아티스트 프로필 사진과 레이블 로고 파일을 불러올 수 있다.

　이제 예를 들어 피아니스트 김주상(저자 본인)의 프로필 사진을 활용해 앨범아트를 만들어 보겠다. 이미 사용 중인 판타지아 레이블의 디자인 포맷이 있으므로, 이를 예시로 보여 주며 제작 과정을 설명하도록 하겠다.

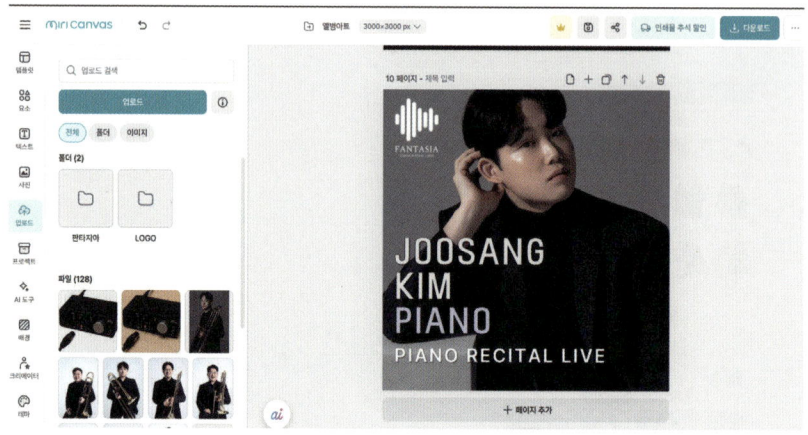

　판타지아 레이블의 디자인 포맷은 레이블 로고를 좌측 상단에 배치하고, 아티스트 프로필 사진을 배경으로 사용한다. 텍스트는 아티스트의 영문명을 먼저 적고, 그 아래에 앨범명을 기재한다. 단순하지만 깔끔하고 실용적인 포맷이다.

1.6.

디지털 앨범 발매를 위한 음원 유통계약

음원과 앨범아트가 모두 준비되었다면 이제 유통사를 찾아야 한다. 사실 레이블 사업을 시작하며 첫 앨범을 기획하는 단계에서 이미 유통사와의 계약이 이루어져야 한다. 레이블 사업에 익숙하지 않은 사람들은 레이블에서 제작한 음원을 왜 별도의 유통사에서 발매하는지 이해하지 못하는 경우가 있는데, 기획사, 제작사, 유통사의 역할을 알면 쉽게 이해할 수 있다.

예를 들어, 롯데제과에서 만든 과자가 마트 진열대에 놓여 판매되는 과정을 생각해 보자. 롯데제과는 과자를 기획하고 제작하는 기획사이자 제작사이다. 자체 물류 유통망이 없다고 가정하면, 완성된 과자는 CJ로직스 등의 물류 유통사를 통해 전국의 도소매업체에 납품된다. 판매가 이루어지면 유통사는 일정 수수료를 받고 나머지 금액을 기획사 및 제작사에 정산한다.

음원 유통도 마찬가지다. 판타지아 레이블은 음반을 기획하고 제작하며, 완성된 음원은 음원 유통사를 통해 대중에게 전달된다. 음원 스트리밍 수익이 발생하면 유통사는 일정 수수료를 제외한 금액을 레이블에 정산하는 방식이다.

물론 일부 K-POP 기획사는 직접 유통망을 갖추고 음원을 배급하기도 하지만, 대부분의 경우 유통사를 별도로 두는 것이 일반적이다. 예를 들어 HYBE 엔터테인먼트는 워너뮤직, 유니버설뮤직 등 대형 유통사와 계약하여 음원을 유통하며, 카카오엔터테인먼트는 자체 유통망을 갖추고 있다. 판타지아는 카카오엔터 유통망을 공유하는 레이벡스 유통사를 통해 첫 앨범을 발매한 경험이 있다.

즉, 레이블은 기획사이자 제작사, 유통사는 음원을 유통하고 배급하는 회사라고 이해하면 된다.

그럼 이제 유통사를 찾는 방법을 알아보자. 방법은 간단하다. 포털 사이트에 '음원 유통사'를 검색하면 다양한 업체가 나오며, 관심 있는 업체에 연락해 B2B(사업자 간) 유통계약 의사를 밝히면 된다.

클래식 음악은 유통사에서 반려될 가능성이 높다. 국내 음원 유통사 대부분이 대중음악 중심으로 운영되기 때문이다. 판타지아 초기에는 Sound Republica를 포함한 3군데 유통사에 문의하였고 모두 거절당했으나, Ravex 유통사와의 계약으로 2025년 1월 첫 디지털 EP "INSPIRATION"을 발매할 수 있었다. 이후 오디오가이를 통해 음원을 유통하고 있다.

오디오가이와의 유통계약은 판타지아 레이블에 큰 혜택이었다. 보통 스튜디오에 의뢰하면 수백만 원이 드는 돌비 애트모스 작업을 유통 프로모션으로 제공받았기 때문이다. 초기 유통사업이라 가능한 프로모션이었지만, 현재는 더 이상 제공되지 않을 것으로 예상된다.

클래식 음원을 유통하려는 사업자나 개인에게 오디오가이를 추천하는 이유는, 자체 스튜디오를 보유하고 있으며 클래식과 국악 음원을 많이 발매한 경험이 있어 발매 거절 가능성이 상대적으로 낮다는 점 때문이다.

레이블과 유통사 간의 B2B 계약이 체결되었다면, 레이블과 아티스트 간의 계약 또한 반드시 필요하다. 판타지아 레이블은 디지털 앨범을 제작·발매하기 전 아티스트와 미팅을 진행하며, 이 자리에서 계약과 관련된 사항을 반드시 협의한다.

이 과정에서 제작비 부담 구조, 앨범 발매 이후의 수익 배분, 그리고 향후 작업 방향 등에 대한 구체적인 논의가 이루어진다. 아래는 판타지아 레이블에서 사용 중인 음반 제작 및 유통 계약서 양식이다. 반드시 그대로 사용할 필요는 없지만, 최소한 계약서를 작성할 때 참고할 수 있는 기본 자료로 제공하고자 한다.

판타지아 레이블 음반 제작 및 유통 계약서

본 계약서는 **0000년 0월 0일**에 **000(이하 "실연자"라 한다)**와 **판타지아(이하 "레이블"이라 한다)** 간에 체결되며, 다음과 같은 조건에 따라 음반 제작 및 유통에 관한 사항을 규정합니다.

제1조 【저작물의 개요】
- 음반 명:
- 음반 종류:
- 제작 비용:
- 제작 세부 사항: 피지컬 앨범 제작하지 않음, 디지털 음원 발매 및 유통

제2조 【저작권, 소유권, 출판권의 설정】
1. 본 저작물의 저작권은 실연자에게 있으며, 음반의 소유권은 레이블에 있다.
2. 실연자는 본 저작물의 편집 및 출판, 유통에 관한 모든 권리를 레이블에 위임한다.

제3조 【'레이블'과 '실연자'의 의무】
1. 레이블은 계약금 입금 후 60~75일 이내에 저작물을 출판해야

하며, 불가피한 사정이 있을 경우 발매 시기가 지연될 수 있다.

2. 레이블은 실연자의 녹음 및 믹싱 마스터링 과정을 프로듀싱할 의무가 있다.

3. 실연자는 음반 발매 이후 수정을 할 수 없으며, 발매 승인 후 오류 발견 시 그 책임은 실연자에게 있다.

4. 실연자는 계약 후 발매된 음반의 음원을 타 레이블에서 중복 발매할 수 없으며, 이를 위반할 경우 위약금 1천만 원을 지급해야 한다.

제4조【제작 및 유통 조건】

1. 제작 내역:

- 음원 녹음과 믹싱&마스터링을 판타지아에서 맡아 진행한다.

- 음원 발매 및 유통: 국내(멜론, 바이브, 플로, 지니, 벅스), 해외 (애플뮤직, 유튜브뮤직, 타이달, 아마존뮤직).

  *음원 유통은 레이블에서 지정한 유통사를 통한다.

2. 옵션 서비스(특약사항):

- 바이럴 마케팅: 포털 뉴스 1건

- 퍼스널브랜딩: 네이버 인물 등록 및 프로필에 디지털 앨범 등록, 연주자 Biography 작성.

제5조【로열티 지급】

레이블은 음원 유통으로 발생한 수익금을 실연자에게 배분하지 않으며, 로열티를 지급하지 않는다(음원 유통으로 발생하는 플랫폼 유지비용으로 재투자함, 실연자에게 유통에 대한 추가 비용을 영구히 청구하지 않음).

제6조【계약 기간】

본 저작물의 계약권 유효 기간은 계약일로부터 2년으로 하며, 양측의 해지 의사표시가 없을 경우 6개월씩 자동 연장된다.

제7조【계약의 해지】

1. 정당한 사유 없이 계약 사항을 위반할 경우 서면으로 시정 요구 후 7일 이내에 시정하지 않으면 계약을 해지할 수 있다.
2. 일방이 3개월 이상 음반 제작 및 발매를 지연시키면 계약을 해지할 수 있다.

제8조【비밀유지】

실연자와 레이블은 계약 체결 및 이행 과정에서 알게 된 비밀을 제3자에게 제공해서는 안 되며, 상호 비밀을 유지해야 한다.

본 계약의 내용을 증명하기 위해 계약서 2부를 작성, 실연자와 레이블이 서명 또는 날인 후 각 1부씩 보관한다. 거리와 시간상 서면으로 원본을 주고받지 못할 경우 팩스나 이메일로 그 효력을 대체한다.

제9조【특약사항】

제작된 음반 및 음원의 유통과정에서 유통사의 심의에 부적합하다고 판단되어 유통이 거절된 경우 레이블은 실연자에게 음반 제작 및 발매 비용을 환불하지 않으며 실연자는 레이블에게 1회의 음원 재녹음을 요청할 수 있다. 이 때 레이블과 실연자는 새로 제작하는 음원에 대한 비용을 절반씩 부담한다.

계약일: 0000년 00월 00일

실연자(저작권자):

성함: _____ (인)

주소:

전화번호:

전자우편:

레이블(소유권자): 판타지아(FANTASIA)

대표: 김주상 (인)

사업자등록번호: 159-16-02510

주소: 광주광역시 북구 서강로 160, 102-302 판타지아(FANTASIA)

대표전화: 010-4649-5595

전자우편: aofantasiaofficial@gmail.com

홈페이지: www.fantasialabel.com

아티스트와의 협업과 지원사업

레이블 사업에서 아티스트와의 협업은 매우 중요하다. 서문에서 언급했듯이, 많은 음악인이 여전히 자부담 100%로 공연을 진행하고 있다. 나는 주변 음악인들에게 종종 이렇게 말한다.

"그렇게 자부담으로 연주하고 관객도 많이 안 온다면, 그 돈으로 음반을 제작해 보는 것은 어떨까요?"

대부분의 답변은 "내 실력으로 무슨 음반이야~"라는 반응이지만, 나는 반문한다.

"그 실력으로 연주는 하시잖아요~"

이 말을 들으면 많은 음악인이 음반 제작도 충분히 가능하다는 생각을 하게 된다. 특히 내 또래의 젊은 연주자들은 디지털 음원을 제작하고 발매하는 것에 긍정적이며, 제안을 받으면 오히려 감사하다는 반응을 보인다.

사실 클래식 음악가 입장에서 음반 제작은 원해도, 레이블에서 먼저 제안을 받는 경우가 드물기 때문에 기회가 오기만을 기다리는 경우가 많다.

도이치 그라모폰, 데카, 낙소스, 유니버설 뮤직, 워너뮤직 등 거대 레이블에서 발매하는 것은, 유명한 연주자가 아니라면 사실상 어렵다. 때문에 대부분 연주자들은 음반 발매를 옵션에서 제외하고 연주 활동에 집중한다. 나 역시 KNS Classical을 통해 스페인에서 첫 음반 "Mosaic"를 발매하기 전까지는 음반 발매에 대해 거의 알지 못했고, 절차도 몰랐다.

국제 콩쿨에서 여러 차례 입상하며 스페인의 KNS Classical에서 음반 제작과 아티스트 합류를 권유받아 유럽에서 데뷔할 수 있었다. 대부분 레이블은 어느 정도 유명세가 있는 연주자에게 음반 제작을 제안한다. 이런 점만 보더라도, 판타지아 레이블을 통한 디지털 음반 발매가 매력적임을 이해할 수 있다.

대한민국에는 클래식 음악을 전문적으로 다루는 레이블이 거의 없다. 대부분 대중음악과 KPOP을 제작하는 엔터 회사가 주를 이루며, 클래식 업계는 공연기획사 중심이다. 음반 제작, 디지털 발매, 아티스트 브랜딩까지 동시에 진행하는 클래식 레이블은 판타지아가 국내에서 손에 꼽을 정도라고 볼 수 있다.

판타지아는 자부담 연주 대신 앨범 제작을 제안하여 제작비를 지원하고, 디지털 앨범을 발매한다. 발매된 음반은 아티스트의 포트폴리오가 되어 다음 해 예술인창작지원사업 신청 시 활용할 수 있다. 이를 통해 지원사업을 통해 공연과 음반을 제작하도록 레이블이 함께 돕는다.

경제적 여유가 부족한 음악인이라도, 음악적 해석과 연주력이 뛰어나다면 전액 투자를 통해 앨범을 제작하고 인연을 맺는다. 이후 발매된 음원을 포트폴리오로 삼아, 판타지아가 지원사업 신청서를 작성하고 접수하게 하며, 선정된 지원사업을 통해 공연과 음반을 제작할 수 있도록 지원한다. 이 과정에서 레이블 역시 수익을 얻는다.

예를 들어, 2025년에는 한국문화예술위원회의 예술대학 예비예술인 육성사업에서 레코딩과 믹싱·마스터링 용역을 제공하며 수익을 냈고, 광주문화재단의 전문예술단체·기초예술단체·청년예술인 지원사업에서도 공연기획과 음원 녹음 서비스를 제공하며 수익을 얻었다. 또한 경기문화재단 지원사업을 통해 오보이스트 박수진의 디지털 앨범과 쇼케이스를 제작했으며, 자부담으로 진행된 음원 녹음 작업도 있었다.

2026년에는 피아니스트 최은영, 한규호, 이신영, 오보이스트 박수진, 기타리스트 남세윤 등 판타지아 소속 아티스트들과 함께 각종 지원사업에 신청하여 아티스트가 연주와 음반 발매를 수행하도록 돕고, 레이블은 이를 통해 수익 구조를 이어 갈 계획이다.

아티스트 개인이 받는 지원사업을 판타지아에 용역으로 맡기도록 하는 것은 서로 윈윈하는 관계를 만든다. 예술인으로서, 사업자로서 지원사업

수행 경험과 이력이 있는 판타지아는 필요한 서류와 감사 리스크에 대한 대비까지 갖추고 있어 안전하게 지원사업을 수행할 수 있다.

2장

클래식 음악
공연기획

클래식 음악 공연기획

판타지아 레이블과 기획사를 함께 운영하면서 음원의 제작과 발매만큼이나 신경 쓰는 부분이 공연기획사업이다. 공연기획이 중요한 이유는, 앞서 언급했듯 클래식 음악을 기반으로 제작할 수 있는 콘텐츠에 공연이 반드시 포함되기 때문이다.

2025년 4월부터는 광주광역시에 새로 개관한 아트스페이스 홍학관에서 판타지아의 기획 연주 시리즈를 진행하고 있다. 공연장에는 빌트인 천장 마이크가 설치되어 있으며, 여기에 각 악기별 스팟 마이크를 추가해 공연 실황을 녹음한다. 가능하다면 이 실황을 디지털 앨범 발매로까지 연결시키려 노력 중이다. 현재까지 발매된 2025년 실황 앨범으로는《최은영 피아노 리사이틀 Live》,《고재현 트롬본 독주회 Live》가 있다.

클래식 공연기획에서 가장 중요한 것은 결국 "얼마나 많은 관객을 유치할 수 있는가"이다. 아무리 훌륭한 공연장에서 뛰어난 연주자가 무대를 선다 해도, 그것을 보고 들을 관객이 없다면 공연은 의미를 잃는다.

공연을 제작하는 데에는 기본 제작비가 발생한다. 따라서 공연을 기획하는 단계에서 제작비를 회수할 수 있을지, 나아가 추가 수익을 창출할 수 있을지를 반드시 고민해야 한다. 물론 연주자가 제작비를 100% 투자해 공연을 의뢰하는 경우라면, 기획자에게 제작비 회수나 수익성에 대한 부담이 상대적으로 줄어든다.

전국에는 수많은 클래식 공연장이 있다. 서울 예술의전당, 롯데콘서트홀, 금호아트홀연세와 같은 대형 공연장은 물론, 각 지역 문화예술회관과 민간 공연장, 최근 급격히 늘어나고 있는 소규모 하우스 콘서트까지 그 형태도 다양하다. 기획자로서는 이러한 공연장들의 특성을 이해하고, 어떤 양상으로 공연이 이루어지는지를 파악하는 것이 중요하다.

공연기획 단계에서 가장 먼저 고려해야 할 요소는 관객 규모다. 많은 기획자들이 이름난 대형 공연장에서 유명 연주자를 세우면 성공할 것이라고 생각하지만, 이는 절반만 맞는 말이다. 현실적으로 모든 공연에 스타 연주자를 섭외할 수는 없다. 손열음, 임윤찬, 조성진, 조수미와 같은 슈퍼스타가 아닌 이상 티켓 파워를 장담하기 어렵고, 이들의 높은 출연료를 매번 감당하기도 어렵다.

따라서 공연기획의 출발점은 타깃 관객의 연령대와 규모를 설정하는 것이다. 예를 들어 20~30석 규모의 하우스 콘서트는 연주자의 가족과 지인만으로도 만석이 가능하다. 여기에 직접적인 온·오프라인 홍보를 더한다면 충분히 성과를 낼 수 있다. 그러나 100석 이상 규모의 공연장부터는 관객 유치가 점점 어려워진다. 아트스페이스 홍학관은 135석 규모인데, 이곳에서 공연을 기획하며 깨달은 것은 공간에 대한 인식이 관객의 태도에 큰 영향을 미친다는 점이다.

서초동 예술의전당 주변의 연습실과 앙상블룸을 예로 들어 보자. 이곳에서는 학생들이 레슨이나 홀연습을 하며, 때로는 작은 규모의 하우스 콘서트도 열린다. 이런 공간에서의 공연은 관객들이 큰 기대 없이 찾아와 오히려 좋은 평을 남기는 경우가 많다. 그러나 '공연장'이라는 이름을 달고 관객을 맞이하면 상황이 달라진다. 공연장 시설과 부대 여건에 대해 다양한 클레임이 쏟아진다. "주차가 불편하다", "위치가 골목에 있어 접근성이 떨어진다", "울림이 좋지 않다", "좌석이 불편하다", "대기실이 좁다", "티켓 부스가 작다", "화장실이 협소하다" 등등. 이런 불만들은 관객이 다시 그 공연장을 찾지 않을 충분한 이유가 되어 버린다.

1년간 소규모 공연장을 운영하며 느낀 가장 큰 교훈은 바로 이것이다. 같은 135석이라도 연습실이나 앙상블룸에서 하우스 콘서트처럼 진행할 때는 모두가 즐겁지만, 소극장이라는 '공연장' 타이틀이 붙는 순간 냉정한 평가와 불만이 터져 나온다. 결국 기획자의 임무는 이런 조건들을 감안하면서도, 공연장에서 연주할 연주자와 공연을 보러 올 관객을 유치하는 것이다.

다소 하소연처럼 들릴 수도 있지만, 클래식 공연의 현실은 냉정하다. 대부분의 관객은 연주자의 가족, 친구, 지인이다. 불특정 다수 관객이 차지하는 비중은 경험상 10%를 넘기기 어렵다. 서울 수도권에서는 상황이 조금 낫지만, 지방으로 갈수록 불특정 다수 관객의 비중은 극히 적다.

따라서 기획자의 입장에서 매력 있는 연주자는 단순히 실력이나 유명세가 아니라, 얼마나 많은 관객을 모을 수 있는가에 달려 있다. 기획공연에 출연할 연주자 모집에 관한 내용은 다음 장에서 다루도록 하겠다.

한편, 연주자의 자비로 의뢰받은 공연은 기획 과정이 비교적 간단하다. 연주자가 원하는 공연장이 이미 정해져 있는 경우가 많아, 그에 맞춰 대관을 진행하고 홍보물을 제작한 뒤 공연을 시행하면 된다.

기획공연 연주자 섭외

공연에서 가장 중요한 것은 결국 내용이다. 클래식 음악회를 제작하려면 무엇보다 연주자가 필요하다. 연주자를 섭외하는 방법은 다양하지만, 이 장에서는 판타지아 기획공연을 제작하며 실제로 사용했던 방법들을 공유하고자 한다.

첫 번째 방법은 개인적 인맥을 활용하는 것이다. 기획자가 클래식 음악 전공자라는 가정하에, 음악 전공자 친구나 지인, 선후배들 중에서 관객을 많이 모을 수 있을 것으로 판단되는 사람에게 연락하여 출연 의사를 묻는 방식이다. 친분이 있는 관계이기에 격식을 차린 공문이나 정식 제안서보다는 자연스럽게 연락해 협의하는 것이 일반적이다.

두 번째 방법은 공개 모집이다. 아트스페이스 홍학관 개관 이후 판타지아와 업무협약을 맺고 1년간 기획 연주를 제작하면서 가장 먼저 마주한 현실은, 지인을 통한 섭외만으로는 한계가 있다는 것이었다. 이를 예견한 나는 기획 초기부터 공개 모집 방식을 병행했다.

공고는 포스터를 제작하여 공연장, 지역 악보사·악기사, 음악대학 등에 부착했고, 동시에 인스타그램·블로그·판타지아 홈페이지에 업로드했다. 처음에는 "아무도 연락하지 않으면 어쩌나" 하는 걱정이 있었지만, 예상외로 많은 신청이 들어왔다.

공고에는 프로필과 연주 영상 샘플 제출을 필수로 했다. 형식상 '심사'라고 했지만 사실상 가장 중요하게 본 기준은 연주자의 광주 연고 여부였다. 서울에서 연주자를 초청해 몇 차례 공연을 진행해 보았지만, 지역에 연고가 없는 연주자는 실력이 아무리 뛰어나도 관객 동원이 쉽지 않았다.

따라서 아트스페이스 홍학관 기획공연의 첫 번째 심사 조건은 "광주에 연고가 있는 연주자"였다. 이는 크게 두 부류로 나뉜다. 첫째, 아직 독주회를 한 번도 해 보지 않은 사람이 첫 독주회를 광주에서 여는 경우. 둘째, 이미 지역에서 활발히 활동하며 지인 인맥을 관객으로 동원할 수 있는 연주자다.

첫 독주회의 경우, 연주자가 유명하지 않아도 관객이 많이 모인다. '첫 독주회'라는 상징성 덕분에 가족과 친구, 지인들이 대거 응원하러 오기 때문이다. 실제로 첫 독주회에는 적게는 60명, 많게는 100명이 넘는 관객이 찾아온다. 일가친척은 물론 사돈·팔촌까지 오는 경우도 있다. 판타지아 기획 연주는 연주자에게 비용 부담을 지우지 않고, 티켓 판매 수익으로 제작비와 부가 수익을 충당하는 구조다. 따라서 초대권을 별도로 배부하지 않으며, 필요한 경우 연주자가 직접 티켓을 구매한다. 이런 구조에서

는 기본적인 티켓 판매가 보장되기 때문에 안정적인 운영이 가능하다. 다만 단점은, 두 번째·세 번째 독주회부터는 관객 수가 눈에 띄게 줄어든다는 점이다.

두 번째 부류인, 지역에서 이미 기반을 다진 연주자는 관객 동원력이 확보된 안정적인 선택지다. 이 경우 나는 지원해 주신 분들께 솔직하게 말씀드린다. "기획사에서 기본적인 온·오프라인 홍보를 하지만, 소극장 특성상 불특정 관객은 거의 유입되지 않습니다. 따라서 연주자분께서 관객을 얼마나 동원하실 수 있는지가 공연 성사 여부의 핵심입니다."

지역에서 활동하는 선생님들은 이미 공연 업계의 현실을 잘 알기에 이를 크게 문제 삼지 않는다. 관객 동원이 어렵다고 하시면 정중히 거절하고, 최소 50명 이상 관객을 모을 수 있는 연주자와 공연을 진행하는 것이 일반적이다.

아래는 아트스페이스 홍학관에서 열리는 2025년 판타지아 기획공연 참가자 모집 공고 포스터다. 사소해 보일 수 있지만, 포스터의 유무는 행사에 주는 인상에서 상당한 차이를 만든다.

음악하는 지인이나 동료를 통해 연주자를 섭외하는 방법, 그리고 공개모집까지 살펴보았다면 이제는 내가 직접 알지 못하는 연주자를 섭외하는 방법을 이야기할 차례다. 이 책을 읽는 독자라고 해서 반드시 지방에서만 공연을 기획해야 하는 법은 없으니, 수도권에서 공연을 준비할 때

연주자를 찾는 방법도 알아 두면 유용하다.

 수도권이라고 하면 흔히 서울을 중심으로 한 지역을 떠올리지만, 사실상 '서울을 포함한 또 다른 지방'으로 생각해도 무방하다. 서울·경기권에서 활동하거나 연고가 있는 연주자가 섭외 1순위인 것은 당연하다. 그러나 예외도 있다. 지방에 거주하면서도 서울 무대에 서기를 원하는 연주자가 많기 때문이다. 수도권에서 열리는 수많은 클래식 공연이 모두 서울·경기 출신 연주자만으로 채워지는 것은 아니다. 지방에 기반을 두고 서울을 오가며 두 지역에서 활동하는 연주자도 적지 않다.

 특히 서울에서 공연을 열면 지방에 있는 연주자의 가족과 친구, 지인들이 서울로 올라와 객석을 채워 주기도 한다. 그렇기에 수도권 연주자 섭외는 난도가 낮다고 볼 수 있다. 첫째, 음악을 전공하거나 전문적으로 활동하는 인구가 많고, 둘째, 유학을 마치고 돌아오는 연주자들이 끊임없이 유입되며, 셋째, 서울 주요 음악대학 학생들의 수도 방대하다. 지방처럼 "그 사람이 그 사람"이라는 한정된 인적 풀과는 달리, 수도권은 신인 발굴의 가능성이 훨씬 넓다.

 실제로 활용할 수 있는 방법 중 하나는 인스타그램 알고리즘이다. 클래식 전공자들의 계정을 팔로우하다 보면, 추천 알고리즘을 통해 새로운 연주자들을 발견할 수 있다. 이렇게 찾은 연주자 중에서 앞서 언급한 관객 동원력이 있는 인물을 선별해 DM을 보내는 방식이 효과적이다.

섭외에는 크게 두 가지 접근 방식이 있다. 첫째는 섭외 문구를 미리 작성해 여러 명에게 복사·붙여넣기 하는 방식이고, 둘째는 한 사람 한 사람에게 정성껏 인사를 건네며 대화를 이어 가는 방식이다. 전자는 '한 명만 걸려라'는 성격이 강하고, 후자는 시간과 노력이 많이 들지만 섭외 성공률이 훨씬 높다. 특히 두 번째 방식을 추천하는 이유는 라포(rapport) 형성을 통해 자연스럽게 관계가 좁혀지면서 이후 섭외로 이어질 가능성이 크기 때문이다.

실전에서는 우선 팔로우를 건 뒤 DM으로 간단한 인사를 보낸다.

예) "안녕하세요, ○○○입니다. 클래식 기획공연을 준비하고 있어 소통하고 싶어 메시지 드립니다."

답장이 오지 않으면 어쩔 수 없지만, 만약 답이 온다면 이후 대화를 이어 나가며 신뢰를 쌓을 수 있다. 이 과정에서 중요한 것은 '정확한 의사 전달'이다. 내가 기획하는 공연의 성격, 연주자에게 요구되는 조건과 역할을 구체적으로 밝히되, 표현은 반드시 예의 바르게 해야 한다.

공연예술출연계약서 작성

공연기획 과정에서 섭외가 완료되었다면, 이제는 출연자와의 계약서 작성이 필요하다. 한국예술인복지재단에서는 예술인을 위한 표준계약서를 보급하고 있으며, 판타지아 역시 모든 공연 출연자와 공연예술출연계약서를 필수적으로 작성하고 있다.

계약서를 작성하는 이유는 단순한 형식 절차가 아니라, 기획자와 출연자 모두를 보호하기 위한 장치다. 실제로 계약서 없이 공연을 진행하다가 곤란을 겪은 경험이 몇 차례 있었다. 한 번은 이미 대관과 홍보물 인쇄까지 마쳐 제작비가 투입된 상황에서 연주자가 갑자기 출연을 원하지 않는다고 통보하여 기획자로서 경제적 손실을 입은 경우가 있었다. 또 다른 사례는 계약서 없이 구두 합의만으로 공연을 진행하다 보니, 세부사항이 명확하지 않아 연주자의 요구가 지나치게 많아져 제작 과정이 큰 어려움에 부딪혔던 경험이다.

이런 일을 방지하기 위해 계약서에는 반드시 구체적인 조건이 명시되어야 한다. 예를 들어, 홍보물은 어디까지 제작할 것인지, 리허설은 몇 시간을 제공할 것인지 등을 사전에 문서로 확정해 두는 것이다. 그렇지 않으면 연주자가 필요 이상으로 홍보물 제작을 요구하거나, 원할 때마다 무제한 리허설을 요청하는 상황이 발생하기 쉽다.

책에서는 특정 공연명을 언급하지 않겠다. 괜히 서로 불편한 기억을 다시 꺼낼 이유는 없기 때문이다. 다만 이 두 사례만으로도 계약의 필요성은 충분히 설명되었으리라 생각한다. 이제부터는 판타지아에서 실제로 사용하고 있는 공연예술출연계약서 양식을 공유하고자 한다.

판타지아 기획공연 출연계약서

제작자 **판타지아(FANTASIA)**와 **실연자 000(은)**는 〈**공연명**〉 공연 (이하 '본 공연'이라 함) 과 관련하여 다음과 같이 계약한다.

제1조(계약의 목적)

이 계약은 본 공연과 관련하여 제작자와 실연자 사이의 권리와 의무를 명확히 하는 것을 목적으로 한다.

제2조(공연개요)

① 본 공연의 개요는 다음과 같다

    1. 공연명 : 〈공연명〉

    2. 총 계약 기간 : 0000년 00월 00일 총 0일로 한다.

    3. 공연 일정 : 0000년 00월 00일 00시 00분

    4. 공연 횟수 : 0회

    5. 공연 리허설 : 계약서 작성 후 제작자와 실연자가 상의 후 결정.

    6. 공연 및 리허설 장소 :

② 본 공연의 티켓은 전석 00,000원으로 하며 초대권을 배부하지 않는다.

제3조(계약 기간)

본 계약 기간은 0000년 00월 00일부터 0000년 00월 00일까지로 한다.

제4조(제작비)

① 실연자는 제작자에게 제작비로 티켓 판매 대금의 00%를 지급한다.

② 제작비는 공연기획, 스태프 2명, 공연장 대관, SNS 홍보 등 공연에 필요한 경비로 사용된다.

　1. 공연기획

　가. 판타지아는 공연의 기획을 맡아 성공적인 연주가 되도록 지원한다.

　나. 판타지아는 공연의 전반적인 사항을 책임지고 맡아 수행한다.

　2. 공연 진행 : 원활한 공연 진행을 위하여 현장 스태프 2인 이상을 배치한다.

　3. 홍보

　가. SNS 및 온라인 홍보를 제공한다(인스타그램 계정이 전체 공개 상태여야 한다).

　나. 실물 포스터 및 리플렛 디자인과 인쇄를 제공한다.

　다. 공연장 인근 및 지역 전체에 실물 전단을 배포한다.

제5조(출연료)

① 제작자는 전석 00,000원에 판매한 티켓 수입금의 00%를 원천징수 후 아래 실연자의 계좌로 입금한다.

1. 은행명 :

2. 계좌번호 :

3. 예금주 :

제6조(실연자의 의무)

① 실연자는 공연 일정을 준수하여야 한다.

② 실연자는 워밍업, 모니터링 참여 등 공연의 원활한 진행을 위한 제작자의 요구를 존중하고 따라야 한다.

③ 실연자는 공연 홍보물 제작을 위한 사진 등을 제공하여야 하며, 제작자가 공연의 홍보활동을 위해 사진 및 영상 촬영, 매체인터뷰 등을 요청할 시 이에 적극 협조하여야 한다.

④ 실연자는 공연 홍보를 위한 범위 내에서 위 제3항에 따라 제공된 사진, 초상, 성명, 필적 등을 사용할 수 있는 권리를 제작자에게 부여한다,

제7조(제작자의 의무)

① 제작자는 연습, 공연 및 영상 촬영을 위한 적절한 설비와 인력을 제공하여야 한다.

② 제작자는 실연자의 예술적 견해나 의사를 존중한다.

③ 제작자는 프로그램 홍보물 및 영상에 적절한 방법으로 실연자의 성명을 표기하여야 한다. 다만 구체적인 표기방식은 양 당사자가 사전에 상호협의하여 정한다.

제8조(상품화)

CD, DVD, 블루레이 등 녹음, 녹화의 복제물을 제작하여 판매하거나 초상 등을 이용한 상품화 사업을 하는 경우 그 구체적인 내용은 양 당사자가 상호 합의하여야 한다.

제9조(기록물, 영상물에 대한 권리)

본 공연과 관련하여 작성된 사진, 녹음, 녹화물, 영상 저작물 등에 대한 저작권, 소유권 기타 권리는 원칙적으로 제작자에게 귀속한다.

제10조(계약해지 및 손해배상)

① 제작자와 실연자는 상대방이 정당한 이유 없이 이 계약을 위반하는 경우 상당한 기간을 정하여 그 시정을 최고하고, 상대방이 그 기간을 지나도록 시정하지 않는 경우에는 본 계약을 해지할 수 있다. 다만, 상대방의 시정 거부 의사가 명백하거나 위반 사항의 성격상 즉각적인 해지가 불가피한 경우에는 최고 없이 해지할 수 있다.

② 제1항에 따른 해지권의 행사는 상대방에 대한 손해배상 청구권 행사에 영향을 미치지 않는다.

③ 실연자는 사전에 협의되지 않은 실연자의 사정으로 인한 연주 일정 변경 취소, 계약금 반납을 청구할 수 없다.

제11조(성희롱 등 피해구제)

① 제작자(제작자의 대표, 임직원, 자문, 기획위원 등 명칭을 불문하고 출연자를 지휘, 감독하는 지위에 있는 자를 포함한다.) 및 실연자가 상대방의 성폭력, 성희롱 행위로 정상적인 업무를 수행하기 어려운 경우 제10조 제1항에 따라 계약을 해지하고 그에 대한 손해배상을 청구할 수 있다.

② 위 제1항에 따른 성폭력, 성희롱 행위가 발생할 경우 피해자는 계약의 해지 여부와 관계없이 국가인권위원회에 진정하거나 문화체육관광부 장관에게 신고하여 분쟁을 해결할 수 있다.

제12조(불가항력)

① 실연자의 사망이나 질병, 지진, 화재, 수해, 기타 천재지변으로 인한 공연장의 일부 또는 전부의 멸실, 전쟁, 내란, 폭동, 전염병의 창궐, 기타 양 당사자에게 책임이 없는 사유에 의하여 계약의 이행이 지체 또는 불가능하게 될 경우, 양 당사자는 이 계약을 해지할 수 있다.

② 제1항의 사유로 인해 이 계약이 해지된 경우 양 당사자는 계약 위반의 책임을 부담하지 않는다. 다만, 이로 인해 발생한 손해에 대하여는 양 당사자가 합의하여 처리한다.

제13조(비밀유지)

양 당사자는 본 계약에 따른 업무수행 중 알게 된 상대방의 비밀을

제3자에게 공개하여서는 안된다

제14조(계약상 지위의 이전 금지)

양 당사자는 상대방의 사전 서면동의 없이 본 계약상의 지위를 제
3자에게 이전하거나, 본 계약상의 권리와 의무를 제3자에게 대신
하게 할 수 없다.

제15조(계약의 변경)

양 당사자는 서면합의에 의해서만 본 계약을 변경할 수 있고, 그
서면합의에서 달리 정하지 않으면 변경된 사항은 그 다음날부터
유효하다.

제16조(분쟁해결)

이 계약과 관련하여 분쟁이 발생하였을 경우 양 당사자는 우호적
으로 해결하기 위하여 노력하여야 한다.

제17조(효력발생 등)

① 이 계약은 계약 체결일로부터 효력이 발생한다.

② 이 계약에 명시되지 않은 사항은 양 당사자가 성의를 갖고 상호
협의하여 결정하되, 저작권법 등 대한민국 법령, 일반적인 상관
례, 대한민국 공연계 관행에 따른다.

이 계약의 성립을 증명하기 위해서 제작자와 실연자는 계약서 2부

를 작성하여 각각 서명날인 후 각 1부씩 소지한다.

0000년 00월 00일

제작자	실연자(대표자)
법인명(단체명) : 판타지아(FAN TASIA) 대표자 : 김주상 사업자등록번호 : 159-16-02510 주소 : 광주광역시 북구 서강로 160, 102-302	성명 : 주민등록번호 : 주소 :

개인과 계약할 경우 서명란에는 성명과 주민등록번호, 주소, 휴대전화번호 등을 기입한다. 반대로 단체와 계약할 때는 실연자 성명 대신 단체명을, 주민등록번호 대신 고유번호증 번호를 적도록 한다.

처음에는 계약서를 오프라인으로 직접 만나 날인하는 방식을 사용했지만, 서로 일정을 맞추기도 어렵고 우편으로 주고받는 과정도 번거로웠다. 그래서 현재는 전자계약 시스템을 도입하여 진행하고 있다. 절차는 다음과 같다. 우선 계약서 초안을 한글 파일로 작성해 출연자에게 전달하고, 출연자가 기입해야 할 부분을 채워 넣게 한다. 이후 출연자가 계약서 내용에 이상이 없는지 최종 확인한 뒤, PDF 파일로 저장해 전자계약 시스템에 업로드한다. 마지막으로 전자서명을 완료하면, 각자가 서명된 계약서를 다운로드하여 보관할 수 있다.

전자계약의 가장 큰 장점은 비대면으로 언제든 서명이 가능하다는 점이다. 또한 계약서는 전자계약 업체의 서버에 영구적으로 보관되기 때문에, 필요할 때마다 쉽게 열람하고 내려받을 수 있어 관리에도 용이하다. 법적으로도 전자계약은 정식 계약으로 인정되며, 인감도장이 없어도 시스템 내에서 이름을 입력해 전자 도장을 생성할 수 있다. 출연자 입장에서도 별도의 도장을 준비할 필요가 없으니 큰 편리함이 된다.

판타지아는 사업자 직인을 스캔해 업로드하여 전자계약에서도 사용하고 있지만, 최근에는 인감도장을 소지하지 않은 젊은 연주자들이 많다. 이 경우 전자계약 시스템에서 이름으로 생성된 도장을 사용해 서명하는 방식으로 진행하는데, 참여자들 모두 만족도가 높다. 현재 판타지아는 디지털 음원 제작 및 앨범 발매 계약, 공연예술출연계약, 용역업무 위탁계약 등을 전자계약을 통해 체결하고 있다.

특정 업체를 홍보하는 것이 조심스러울 수 있어, 여러 전자계약 업체를 비교해 본 뒤 본인에게 가장 편리한 시스템을 선택하는 것이 바람직하다. 판타지아는 현재 글로싸인이라는 업체를 이용 중이다. 월 요금제와 연 요금제가 있지만, 계약 건수가 많지 않아 건당 요금제(1건당 1,400원)를 선택해 사용하고 있다. 계약 빈도가 적은 경우 이 방식이 가장 경제적이다.

공연장 대관

2025년 판타지아는 아트스페이스 흥학관과 업무협약을 체결하여 1년 간 클래식 공연을 기획·제작하고 있으며, 별다른 사정이 없는 한 계속 함께하기로 하였다. 따라서 광주에서 열리는 판타지아 기획공연은 이미 공연장이 확보된 상태다.

그러나 서울, 대전, 대구, 부산 등 타지역에서 공연을 진행할 경우에는 공연장을 직접 대관해야 한다. 공연 제작 의뢰를 받아 특정 공연장의 대관을 요청받았다면 해당 공연장에 대관 신청을 넣으면 되지만, 자체 기획 공연을 준비하는 경우라면 어떤 공연장을 선택해 대관할지 고민이 필요하다. 가장 큰 고민은 단연 대관비용이다. 예를 들어 서울 잠실의 롯데콘서트홀은 대관료가 상당히 높다. 규모와 시설을 고려하면 이해가 되지만, 기획자 입장에서는 부담스러운 금액임이 분명하다. 반대로 소규모 하우스 콘서트를 준비한다면 수많은 하우스 콘서트홀 중 어느 곳을 선택할지가 또 하나의 고민이 된다.

대형 공연장의 경우, 각 지자체 문화예술회관이나 롯데콘서트홀, 금호아트홀 등 민간 공연장 모두 정기대관과 수시대관을 통해 일정을 배정한다. 정기대관은 보통 상·하반기로 나뉘어 진행되며, 전년도 하반기에 이듬해 상반기 대관을, 당해 상반기에는 하반기 대관을 신청받는다. 정기대관이 마무리된 뒤 일정이 남아 있으면 수시대관을 통해 잔여 날짜를 신청할 수 있다. 정기대관이 확정된 후 취소되는 경우도 있기 때문에 수시대관 일정은 말 그대로 수시로 공지된다.

문제는 경쟁률이다. 대형 공연장이나 문화예술회관은 지원자가 몰리기 때문에 대관이 쉽지 않다. 대관 신청은 내부 심사와 대관심의위원회의 검토를 거쳐 승인되는데, 그 기준이 명확하지 않다. 실제로 필자는 서울 예술의전당과 광주예술의전당 모두에서 두 차례 이상 대관 부결을 통보받은 경험이 있다. 이유가 궁금해 담당자에게 문의했지만 "내부 심의에 따른 대외비 사항"이라는 답변만 들을 수 있었다. 광주예술의전당의 경우, 정기대관은 부결되었으나 이후 수시대관에서 시의원 추천을 통해 간신히 2024년 김주상 피아노 리사이틀을 올릴 수 있었다. 이 경험을 통해 공연의 내용이나 신청서보다 다른 요인이 우선시될 수 있음을 실감했다.

반면, 소규모 하우스 콘서트장은 대부분 수시대관 방식이다. 별도의 공고를 내지 않는 경우도 많아, 원하는 날짜를 직접 문의하고 대관료를 지불하면 이용할 수 있다. 특히 서초동만 해도 20개가 넘는 공간이 있어 비교적 수월하게 대관이 가능하다. 다만 피아노 상태나 악기·짐 반입의 편리성, 주차 가능 여부 정도는 반드시 확인해야 한다. 관객 주차까지 고려하는 것은 필수라고 보지는 않는다.

공연 날짜 선택도 중요한 요소다. 많은 공연장이 주말 대관료를 더 높게 책정하는 이유는 수요가 많기 때문이다. 평일 낮 공연은 학생과 직장인이 오기 어려워 관객 동원이 힘들지만, 저녁 공연은 19시 30분 또는 20시 시작으로 비교적 적합하다. 이 가운데 금요일 저녁은 인기가 높고, 수요일 저녁은 비교적 기피되는 시간대다. 월요일, 화요일, 목요일 저녁은 무난하며, 경험상 화요일·목요일·금요일이 가장 적합했다.

주말은 상황이 조금 다르다. 토요일과 일요일은 저녁 공연보다는 오후 공연이 관객 친화적이다. 주말 낮에는 가족 단위 외출이 많아 유동인구가 늘어나고, 자연스럽게 공연장을 찾는 발길도 이어진다. 반면 주말 저녁은 마음먹고 오는 관객 외에는 방문이 드물다. 특히 코로나 팬데믹 이후로 저녁 시간대의 외출이 줄어들며, 관객들의 생활 패턴도 낮 공연을 선호하는 쪽으로 변화했다. 나 역시 토요일 오후 2시 무렵 시립미술관을 찾아 도슨트 해설과 함께 전시를 관람하는 경우가 많다. 이런 경험을 통해 보건대, 토요일 오후 2~3시 공연이 문화생활을 즐기기에 가장 적합한 시간대 중 하나라 생각한다.

공연 홍보물 제작

공연 출연자 섭외와 공연장 대관이 완료되면, 본격적으로 공연 홍보물 제작 단계에 들어간다. 일반적으로 공연 홍보물은 A2 사이즈 포스터, 양면 전단, 혹은 2단 4면 리플렛을 기본으로 제작한다. 여기에 선택 사항으로 스탠드 배너, 리플렛 추가 면수, 티켓 등을 더할 수도 있다.

공연 홍보물 제작은 크게 기획공연과 대행공연 두 가지로 나뉜다.

기획공연은 판타지아가 직접 기획하고 제작하는 공연으로, 이미 정해진 포맷이 있다. 포스터 디자인도 기본 틀을 고정해 두고, 연주자의 사진과 텍스트만 교체하는 방식이다.

대행공연은 외부 의뢰인을 위한 맞춤 제작으로, 디자인을 처음부터 새로 한다. 번거롭지만 그만큼 제작비를 별도로 책정하기 때문에 수지 타산이 맞다.

판타지아 기획공연의 포스터 디자인 예시를 들어 보자. 판타지아 기획공연 포스터는 A2 사이즈로 인쇄하며, 배경에 연주자의 프로필 사진을 사용한다. 공연명은 한글과 영문을 병기하고, 그 아래에는 공연 날짜와 장소, 주최·주관, 예매처, 문의 연락처를 기재한다.

포스터는 검은 배경 위에 아티스트의 프로필 사진이 들어가는 형식으로 제작된다. 아트스페이스 홍학관에서 진행하는 판타지아 기획공연의 경우, 보통 A2 포스터, 양면 전단, 그리고 스탠드 배너를 기본으로 제작한다.

처음에는 2단 4면 접지 리플렛을 제작했으나, 공연이 끝난 후 상당량이 남는 데다 관객들도 잘 챙겨 가지 않는 것을 보고, 비용 절감과 환경 보호 차원에서 A4 사이즈 양면 전단으로 전환했다.

양면 전단은 앞면(1면)에 포스터 이미지를 그대로 사용하고, 뒷면(2면)에는 프로그램과 연주자 소개를 담는다. 이렇게 앞뒷면을 모두 활용한 양면 전단의 예시를 보여 주도록 하겠다.

김주상 피아노 리사이틀의 양면 전단이다. 앞면(1면)은 포스터, 뒷면(2면)에는 프로그램과 연주자 소개를 담았다. 인쇄 매수는 공연장 좌석 수에 맞추기도 하지만, 예상 관객 수를 고려하여 조정하기도 한다. 예를 들어, 아트스페이스 홍학관이 135석이므로 초기에는 여유분을 포함해 150매를 인쇄했다. 그러나 공연 평균 관람객 수가 50~80명 정도임을 고려하여 최근에는 100매 또는 80매 정도만 인쇄하기도 한다.

관객들이 공연장에 들어올 때 리플렛을 모두 가져가지 않는 경우가 많음을 확인했다. 80명의 관객이 와도 80장 모두 사용되지 않는다. 공연이 끝난 후에는 남은 리플렛을 티켓 부스에 돌려주는 경우도 많다. 이런 이유로 최소 수량만 인쇄하며, 남은 인쇄물은 봉투에 담아 연주자에게 전달한다.

온라인 홍보를 위해 카드뉴스를 제작할 수도 있으나, 최근 트렌드는 카드뉴스보다는 숏폼 영상 중심으로 이동했으므로 필수는 아니다. 과거 카드뉴스는 정사각형 프레임에 홍보 내용을 디자인해 인스타그램에 업로드하는 방식이었다. 이는 정사각형 업로드 시 양옆 텍스트가 잘리는 것을 방지하기 위함이었다. 그러나 인스타그램이 세로 사진과 영상 중심으로 업데이트되면서 카드뉴스 업로드는 줄었고, 대신 릴스 영상 제작을 통해 홍보하고 있다. 관련 내용은 3장에서 자세히 다룬다.

클래식 공연기획자는 만능 엔터테이너가 되어야 한다고 생각한다. 상업용 디자인은 주로 포토샵, 일러스트를 사용하며, 페이지 수가 많은 리플렛이나 브로슈어는 인디자인을 사용하기도 한다. 당장 프로그램과 홍보물을 디자인하기 어렵다면, 웹 기반 툴인 미리캔버스, 망고보드, 캔바 등을 활용할 수 있다.

나는 주로 미리캔버스를 사용하는데, 디자인 후 바로 비즈하우스를 통해 인쇄까지 연결할 수 있고, 목업 이미지를 통해 결과물을 미리 확인할 수 있다는 장점이 있다. GTQ 과정을 수강하기도 했지만, 편의성 때문에 미리캔버스를 자주 사용한다.

어떤 사이트를 사용하든 포맷을 미리 만들어 두는 것이 중요하다. 판타지아 기획공연 포맷과 같은 포스터, 프로그램 포맷을 만들어 두고, 공연마다 텍스트와 사진만 수정하여 사용하면 된다. 디자인이 어렵다면, 각 사이트의 전문가 디자인 의뢰 기능을 활용할 수 있다. 가격은 사양에 따라다르지만, 큰 비용이 들지 않는다. 한 번 만들어 둔 디자인 프로젝트는 다른 기획공연에도 복사하여 사용할 수 있어 부담을 줄일 수 있다.

인쇄는 비즈하우스와 성원애드피아를 주로 사용한다. 소량 또는 특수 인쇄는 비즈하우스를, 대량 인쇄는 성원애드피아를 이용한다. 두 업체 모두 웹사이트에서 파일을 업로드하고 온라인 결제하면, 인쇄물이 택배로 배송된다. 담당자와 개별 연락 없이 진행할 수 있고, 제작과 배송 과정을 실시간으로 확인할 수 있어 편리하다.

판타지아 기획공연의 홍보물 예시를 부록에 모아 두도록 하겠다.

공연 티켓의 판매와 공연 정보 등록

공연 홍보물 제작이 완료되면, 다음 단계는 공연 등록과 티켓 판매다. 공연을 판매하는 방법은 다양하다. 가장 간단한 방법은 현장 결제로 현금 결제를 받는 것이다. 온·오프라인 홍보를 통해 공연을 알리고, 당일 공연 시작 2시간 전부터 티켓 부스를 열어 현장에서 결제를 받는 방식이다.

판타지아를 만들기 전, 나는 2016년부터 2022년까지 매년 독주회를 직접 기획하며 온라인 예매 없이 현장 판매만으로 공연을 진행했다. 대부분 초대를 통해 온 관객이었지만, 음악 수행평가를 위해 공연을 찾는 학생들도 제법 있었다. 당시 학생 티켓은 5,000원으로 판매했다.

관객이 찾아오기만 한다면 온라인 예매가 꼭 필요한 것은 아니다. 오히려 온라인 예매 플랫폼을 이용하면 예매 수수료가 발생하기 때문에, 현장 결제와 발권을 선호하는 관객도 있다. 그러나 온라인 예매를 진행하는 이유는 관객 수를 미리 예측하고, 티켓 판매금을 사전에 확보하기 위함이다.

판타지아의 모든 기획공연은 티켓링크를 통해 판매하고 있다. 다른 티켓 판매 플랫폼도 있지만, 수도권이 아닌 지방 공연장은 대부분 티켓링크 단말기를 사용하기 때문에 선택했다. 티켓링크 단말기가 없는 공연장이라면, 미리 발권기를 통해 티켓을 출력하고 현장에서 배부하면 된다.

판타지아는 티켓링크와 B2B 사업자 간 계약을 통해 공연 독점 판매를 진행 중이다. 일반 개인이 티켓링크와 계약하여 공연을 판매하는 것은 쉽지 않다. 계약서 내용상 비밀유지 조항이 있어 공유는 어렵지만, 일반적인 등록 과정은 다음과 같다. 공연 등록 시 담당자에게 티켓판매 의뢰서(엑셀), 공연 포스터 및 프로그램(JPG, PDF), 공연장 좌석 배치도, 정산 통장 사본을 보내면, 3일 내로 공연이 등록된다.

티켓링크 온라인 예매에는 예매 수수료가 있다. 예매 관객은 티켓 가격의 10%를 수수료로 부담한다. 현장 발권 티켓에는 발권 수수료가 발생하지만, 판타지아에서는 전액 기획사가 부담하므로 관객에게 수수료가 부과되지 않는다. 최근에는 온라인 예매 수수료 관련 컴플레인을 고려해, 티켓링크로 등록하되 관객에게는 현장결제를 적극 안내하고 있다. 현장결제 또한 카드 단말기로 결제 가능하며, 발권 수수료만 발생하고 이는 기획사에서 부담한다.

서울 수도권 공연의 경우, 인터파크티켓도 활용할 수 있다. 예술의전당 대관자 시스템에 링크가 있어 편리하게 사용할 수 있으며, 판타지아는 티켓링크와 인터파크티켓 두 곳과 계약되어 있지만 현재는 서울 공연도 티켓링크를 사용하고 있다. 이유는 담당자와의 커뮤니케이션 용이성과 친숙한 인터페이스 때문이다.

티켓 판매 플랫폼을 사용하면 또 다른 장점이 있다. 자동으로 네이버 공연 등록, 네이버 예매 페이지 생성, 그리고 공연예술통합전산망(KOPIS) 공연 등록까지 진행해 주어 직접 처리해야 할 일을 줄여 준다. 수수료를 내는 대신, 플랫폼이 제공하는 편의성을 활용하는 것이 효율적이다.

수수료 없이 티켓 수익을 온전히 가져가고 싶다면 네이버폼이나 구글폼을 이용할 수도 있다. 온라인 예매를 받아 계좌이체로 티켓값을 받고, 예매를 확인한 후 문자로 예매 확정을 안내하고, 공연 당일 현장에서 티켓을 배부하는 방식이다. 소규모 하우스 콘서트에서 많이 사용되는 방법으로, 관객 수가 많지 않을 때는 적합하다. 그러나 관객 수가 100명이 넘어가면 계좌 확인, 예매 확인 문자 발송, 티켓 배부까지 상당한 수작업이 필요해 번거롭다.

대부분 하우스 콘서트는 공연 등록을 하지 않지만, 공신력 있는 증빙 자료가 필요할 때는 공연예술통합전산망(KOPIS)에 공연을 등록하는 것이 바람직하다.

공연예술통합전산망: https://kopis.or.kr/

공연예술통합전산망(KOPIS) 사이트에 접속하여 내 공연이 등록되어 있는지 확인하는 것이 좋다. 만약 등록되어 있지 않다면, KOPIS 고객센터에 문의하여 공연 등록을 요청할 수 있다. 아울러 네이버 공연 등록도 함께 진행하면 온라인에서 공연 정보를 더 효과적으로 알릴 수 있다.

네이버 검색창에 '네이버 공연'을 검색하면 위와 같은 화면이 나타난다. 화면 하단의 '공연 등록/수정 요청' 버튼을 클릭하면 공연 등록 페이지로 이동할 수 있다.

여기서 신규 등록을 클릭한 후 공연 포스터 이미지 파일과 공연 설명을 입력하고 등록 요청을 하면, 네이버에서 내용을 확인한 뒤 공연을 등록해 준다. 등록 결과는 이메일로 통지되며, 전반적인 과정은 비교적 간단하다.

공연 등록 시, 출연자가 네이버 인물 등록이 되어 있다면 공연과 연동될 수 있도록 요청사항에 기재하는 것이 좋다.

이처럼 공연의 티켓 판매와 공연 등록 과정은 다소 번거롭지만, 공연 제작 단계에서 반드시 기획자가 책임지고 수행해야 하는 중요한 업무다.

공연 홍보

공연 홍보는 크게 온라인과 오프라인 두 가지 방법으로 나눌 수 있으며, 무엇보다 대상 관객층(Target audience)을 명확히 설정하는 것이 중요하다. 젊은 관객층은 주로 온라인을 통해 공연 정보를 접한다. 대표적인 채널로는 블로그와 인스타그램이 있다.

공연 포스터 제작이 완료되면, 포스터와 프로그램 사진을 함께 첨부하여 인스타그램에 게시한다. 이때 공연 상세 정보가 담긴 본문도 함께 작성하여 업로드한다. 동일한 내용을 네이버 블로그에도 게시하여 온라인 홍보의 폭을 넓힌다.

최근 인스타그램은 업로드 비율을 변경하여 세로 형태의 포스터 원본을 그대로 올릴 수 있게 되었다. 이에 따라 기존에 제작하던 카드뉴스는 더 이상 제작하지 않고 있다.

@fantasia_classics 계정은 판타지아 공연기획 공식 인스타그램으로, 기

획한 공연을 홍보하고 관객과 소통하는 주요 온라인 채널로 활용된다. 업로드된 공연들은 날짜가 가까운 공연을 중심으로 매일 스토리에 공유된다. 인스타그램 스토리는 24시간 후 사라지기 때문에, 매일 공연 정보를 업데이트하는 것이 효과적이다. 또한 스토리에 예매 링크를 함께 첨부하면 온라인 예매를 유도하는 데 도움이 된다.

온라인 홍보 방법은 인스타그램 외에도 다양하다. 대표적으로 블로그 포스팅이 있다. 기획사 공식 블로그에 공연 정보를 오피셜한 형태로 업로드한 뒤, '아싸뷰', '레뷰'와 같은 블로그 바이럴 마케팅 플랫폼을 통해 인플루언서를 모집하여 기자단 형식으로 공연 소식을 알리는 블로그 포스트를 작성하게 할 수 있다. 또한 맘카페 마케팅을 통해 입소문을 내는 방법도 효과적이다. 실제로 서울 혜화역 인근 JCC 아트센터 콘서트홀에서 열린 김주상 피아노 리사이틀의 홍보를 위해 카페 마케팅을 진행한 사례가 있다.

크몽에는 없는 것이 없다고 할 만큼 다양한 마케팅 대행사가 존재한다. '맘카페 마케팅', '입소문 마케팅' 등의 키워드로 검색하면 다수의 업체가 나오는데, 이들 대부분은 특정 커뮤니티에 게시글을 작성하고 첫 번째와 두 번째 댓글을 다른 아이디로 작성하여 자연스럽게 여론을 형성한다. 이후 일반 회원들이 이에 동조하면서 분위기가 확산되는 방식이다.

예를 들어, 가정의 달인 5월에 맘카페에 다음과 같은 게시글을 올린다고 하자.

"가정의 달이라 아이와 함께 갈 공연을 추천받고 싶어요. 지역은 서울인데, 요즘 아이가 클래식 음악에 푹 빠져 있네요~ 혹시 좋은 클래식 공연 아시는 분 계신가요?"

이 게시글에 댓글을 달며 분위기를 유도한다.

"김주상 피아니스트가 JCC 아트센터 콘서트홀에서 독주회를 하더라고요! 저번에 아이랑 다녀왔는데, 그날부터 자기도 피아니스트가 되겠다며 너무 좋아했어요. ㅎㅎ"

"우왕, ○○님도 다녀오셨군요! 저도 아이와 함께 관람했는데 정말 힐링되는 시간이었어요!"

이처럼 일상적인 대화 속에서 자연스럽게 공연을 추천하고, 다른 회원들이 신뢰하고 동참하도록 유도하는 방식이 맘카페 마케팅의 특징이다.

이 예시 외에도 여러 맘카페를 타겟으로 마케팅을 진행하였으나, 모든 사례를 공개할 경우 오히려 신뢰도와 마케팅 효과가 저하될 수 있음을 고려하여 하나의 대표 사례와 맘카페 마케팅 방식을 예시로 제시하였다. 블로그 바이럴 마케팅과 카페 마케팅 이외에도 효과적인 방법은 포털 뉴스 및 인터넷 뉴스 송출이며, 이에 관한 구체적인 내용은 3장의 홍보·마케팅 파트에서 다루도록 하겠다.

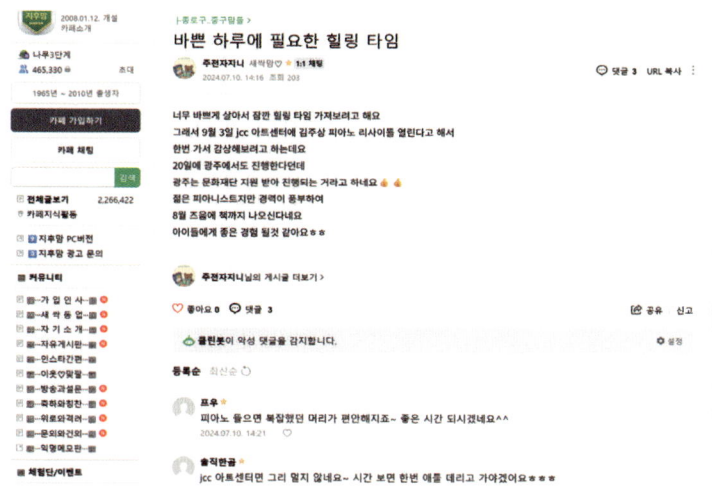

바쁜 하루에 필요한 힐링 타임

주전자지니 새학맘♡ · 1:1 채팅   댓글 3 URL 복사

너무 바쁘게 살아서 잠깐 힐링 타임 가져보려고 해요
그래서 9월 3일 jcc 아트센터에 김주상 피아노 리사이틀 열린다고 해서
한번 가서 감상해보려고 하는데요
20일에 광주에서도 진행한다던데
광주는 문화재단 지원 받아 진행되는 거라고 하네요 👍👍
젊은 피아니스트지만 경력이 풍부하여
8월 즈음에 책까지 나오신다네요
아이들에게 좋은 경험 될것 같아요 *^^*

주전자지니님의 게시글 더보기 >

좋아요 8   댓글 3   공유   신고

클린봇이 악성 댓글을 감지합니다.   설정

등록순 최신순

표우
피아노 들으면 복잡했던 머리가 편안해지죠~ 좋은 시간 되시겠네요^^
2024.07.10. 14:21

솔직한글
jcc 아트센터면 그리 멀지 않네요~ 시간 보면 한번 애들 데리고 가야겠어요 *^^*

　오프라인 공연 홍보 역시 매우 중요한 요소다. 대표적인 방식은 공연 포스터를 부착하는 것으로, 보통 A2 사이즈로 인쇄하여 유동 인구가 많은 곳에 설치한다. 클래식 음악 공연의 주를 이루는 독주회나 앙상블 연주의 경우, 지역 음악대학과 예술중·고등학교의 공연 정보 게시판에 기본적으로 부착하며, 음악가의 출입이 잦은 악보사와 악기사, 대형 교회나 성당 게시판에 부착하여 관객을 모집하기도 한다.

　다만 버스정류장이나 지하철역 입구 등 유동 인구가 많은 장소에 포스터를 부착하는 것은 지자체 허가 없이는 불법이다. 실제로 혜화역과 신촌역 인근 대학가 지하철역에는 연극 포스터를 비롯한 각종 공연 포스터가 붙어 있는 모습을 흔히 볼 수 있지만, 이들 대부분은 무허가 부착물로 과태료 부과 대상이며, 지자체에서 철거한다. 그럼에도 계속 눈에 띄는 이유는 철거되면 다시 붙이는 행위가 반복되기 때문이다.

지방 공연 홍보의 경우, 지역 예술중·고등학교, 문화예술회관 공연 게시판, 악기사, 악보사, 음악사, 음악대학 등에 포스터를 부착하거나 비치하는 것이 기본이다. 반면 서울·수도권은 음악대학과 예술중·고등학교의 수가 많아 직접 부착이 어려운 점이 있어 대행업체를 활용하는 경우가 많다. 특히 클래식 공연 포스터만 전문으로 부착하는 업체도 있는데, 이들은 서울·수도권 주요 음악대학과 예술중·고등학교에 공연 홍보물을 대신 부착하고 비치해 준다. 여러 공연의 포스터를 한 번에 모아 부착하기 때문에 대행 비용도 비교적 부담되지 않는다.

　업체를 직접 찾아 의뢰해도 무방하지만, 판타지아에서는 경기도 광주시에 위치한 우진기획과 거래하고 있다.

공연 현장 운영

기획하고 제작한 공연을 실제로 시행하는 과정에서 신경 써야 할 부분이 있다. 가장 먼저 공연 당일 현장에서 공연 진행을 지원할 인력이 필요하다. 공연기획사 직원들이 직접 스태프로 참여해 티켓 발권, 입구 검표, 대기실과 무대감독 간의 커뮤니케이션까지 맡아준다면 이상적이겠지만, 초기 창업 단계의 기획사나 1인 기획자는 직원을 상시 고용하기 어려운 것이 현실이다. 따라서 대부분은 일일 단기 아르바이트 형태의 스태프를 구인한다.

스태프를 구하는 방법은 크게 두 가지다. 하나는 음악 전공생(특히 음대생)을 섭외하는 방법, 또 다른 하나는 비음악 전공자를 찾는 방법이다. 음대생을 스태프로 활용할 경우 클래식 공연의 흐름을 이미 잘 알고 있어 별도의 교육이 필요 없다는 장점이 있다. 하지만 일반적으로 최저시급보다 높은, 시급 15,000원 이상을 요구하는 경우가 많다. 반대로 비전공자는 시급이 상대적으로 낮지만 공연 진행에 대해 일일이 설명해야 하는 번거로움이 있다.

초창기에는 가족이나 가까운 지인에게 부탁하여 스태프를 맡기기도 했다. 실제로 나는 독주회를 열던 시절 사촌 형제들을 스태프로 참여시킨 경험이 있다. 가까운 사람과 일하면 소통이 원활하고, 합당한 보수를 지급한다는 전제하에 신뢰도 유지할 수 있다는 장점이 있다.

보다 공식적으로는 구인 플랫폼을 활용하는 방법도 있다. 예컨대 2024년 광주예술의전당 공연에서는 알바천국에 기업회원으로 가입해 단기 아르바이트 모집 공고를 게재했는데, 티켓 발권 담당 2명을 구하는 공고에 11명이 지원했다. 시급은 12,000원으로 책정했고, 채용 후 일용직 근로계약서를 작성한 뒤 현장에서 간단히 티켓 배부 방법을 교육하여 공연을 진행했다. 대형 공연장의 경우 이미 하우스 매니저와 무대감독이 상주하기 때문에 주최 측은 티켓 발권만 맡으면 되는 경우가 많다.

또 다른 방법은 당근마켓 알바 구인을 활용하는 것이다. 일반적으로 식당 아르바이트 공고가 많지만, 공연 스태프 같은 단기 알바도 생각보다 지원자가 빠르게 모인다. 나 역시 2025년 기획공연에서 세 차례 정도 당근마켓을 통해 스태프를 모집한 바 있다. 공연장 스태프 업무가 크게 어렵지 않기 때문에 현장에서 즉석 교육만으로도 충분히 진행할 수 있다. 티켓 부스는 사전 준비된 예매자 명단을 확인해 티켓을 전달하는 단순 업무이고, 티켓링크 단말기를 활용하는 경우에도 발권 방법만 간단히 알려주면 된다.

매번 새로운 사람을 모집하고 교육하는 것이 번거롭기 때문에, 최근에는 과거 스태프로 참여했던 이들 중에서 지속적으로 일하고 싶어 하는 2명을 고정적으로 섭외하고 있다. 이들은 처음에는 경험이 없었지만 여러 차례 현장을 거치며 이제는 숙련된 공연 스태프로 성장했다. 음대생 수준의 높은 인건비가 필요하지 않으면서도, 별도 교육이 필요 없는 편의성이 큰 장점이다.

스태프에게 지급하는 인건비는 원칙적으로 원천징수 후 지급하고 장부에 인건비로 처리하는 것이 맞다. 하지만 소규모 개인사업자의 경우 공연 당일 소액(5만 원 정도)을 계좌 이체로 지급하는 일이 많고, 이 경우 원천징수를 생략하기도 한다. 일반적으로 1일 보수가 10만 원을 넘을 경우 원천징수 및 비용 처리가 유리하지만, 소액일 경우에는 세액이 거의 발생하지 않아 번거로움을 피하고자 개별 지급을 택하는 경우가 있다.

다만 법인사업자라면 반드시 일용직 근로계약서를 작성하고 원천징수 이행상황 신고를 해야 한다. 실제로 판타지아가 법인으로 운영되던 시기(2023~2025년 3월)에는 모든 스태프와 계약서를 작성하고 원천징수를 진행했다. 법인은 개인사업자보다 감사 기준이 훨씬 엄격하므로, 투명한 인건비 집행과 세무 신고가 무엇보다 중요하다.

공연장 스태프로 참여하기 위해 반드시 이수해야 하는 교육이 있다. 바로 공연장 안전교육이다. 특히 대형 공연장의 경우, 공연에 참여하는 모든 인원에게 공연 및 공연장 종사자 안전교육 이수증 제출을 의무화하고 있다.

　　공연장 안전교육은 한국산업기술시험원 공연장안전지원센터(www. stagesafety. or. kr)에 접속하여 온라인으로 수강할 수 있으며, 이수 완료 후 바로 이수증을 다운로드할 수 있다. 이 교육은 공연기획자는 물론 출연자와 공연 진행 스태프 모두가 반드시 이수해야 하는 필수 과정이다.

　　소규모 공연장의 경우 요구하지 않는 경우도 많지만, 지역 문화예술회관이나 수도권의 대형 민간 공연장에서는 대관 시 필수 제출 서류로 요구되므로, 사전에 준비해 두는 것이 바람직하다.

3장

홍보와 마케팅,
아티스트 매니지먼트

네이버 인물정보 등록

대한민국에서 가장 많은 사용자를 보유한 포털 사이트는 단연 네이버다. 유튜브 영상을 보다가, TV 프로그램을 시청하다가, 또는 넷플릭스와 같은 OTT에서 영화나 드라마를 보다가 문득 "저 사람은 누구지?"라는 궁금증이 들면, 대부분의 사람들은 자연스럽게 네이버에 접속해 인물을 검색한다.

네이버에서 인물을 검색하면 기본적인 인물정보가 화면에 표시된다. 예를 들어, 저자인 김주상을 검색하면 다음과 같은 화면을 확인할 수 있다.

인물정보에 등록된 항목들은 내가 누구인지를 명확하게 보여 준다. 대부분의 사람들은 포털 사이트에 자신의 인물정보를 등록하지 않는다. 실제로 인물정보가 등록되는 경우는 주로 유명인, 연예인, 정치인, 법조인 등 사회적으로 어느 정도 인정받은 커리어를 가진 사람들이다. 그래서 대중의 눈에는 포털 사이트 인물정보에 이름이 올라간 사람은 '대단한 사람'처럼 비춰진다.

가끔 지인이나 친구들이 네이버에서 '김주상'을 검색해 보고는 "정말 대단하다, 유명인이네"라고 말하곤 한다. 대부분은 포털 사이트가 특별한 사람만 선별해 등록한다고 생각한다.

물론 절반은 맞는 말이다. 아무런 경력이나 활동이 없는 평범한 사람이라면 인물정보 등록이 반려된다. 그러나 우리 음악인들은 다르다. 피아니스트, 바이올리니스트, 작곡가, 성악가 등 각자 분명한 타이틀이 있으니 이를 근거로 인물정보 등록을 신청할 수 있다.

이제 네이버 인물정보 등록 방법을 간단히 소개하겠다. 네이버 검색창에 '네이버 인물정보'를 입력해 검색하면 된다.

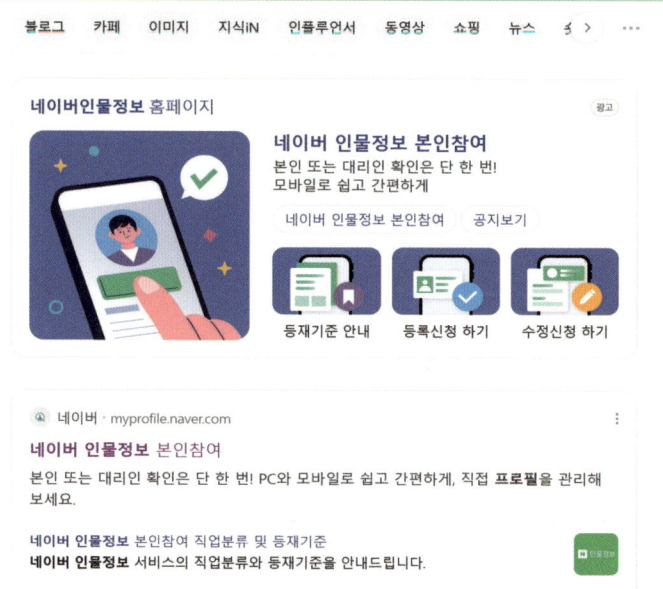

　검색 시 바로 노출되는 네이버 인물정보 본인참여를 눌러 사이트에 접속한다.

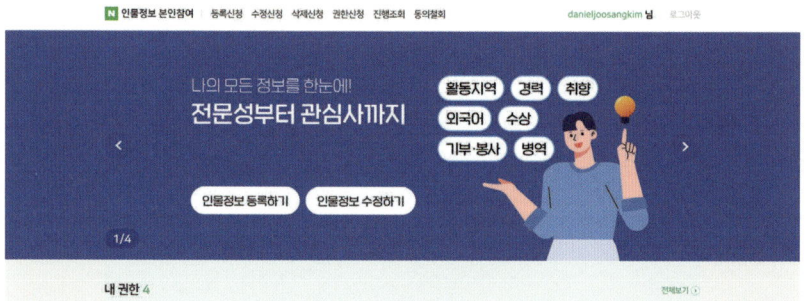

　클래식 음악 레이블 운영 가이드

여기서 인물정보 등록하기나 위 메뉴 중 등록신청을 눌러 다음 페이지로 넘어간다.

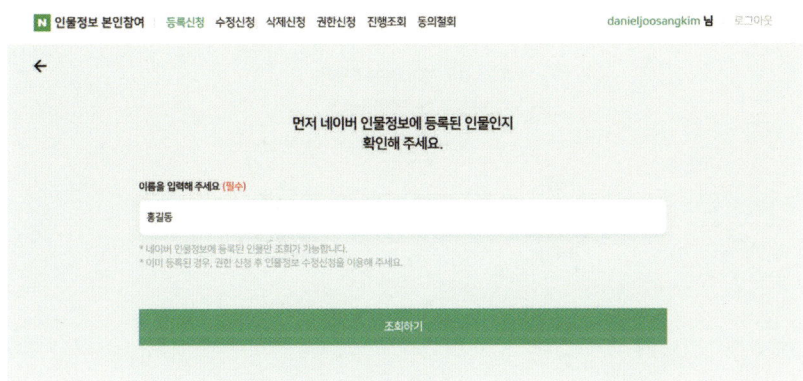

인물정보 등록을 위해서 기존에 등록된 인물인지 확인하는 과정이 필요하다. 본인의 이름을 넣고 조회해 보자. 홍길동을 예시로 사용하겠다.

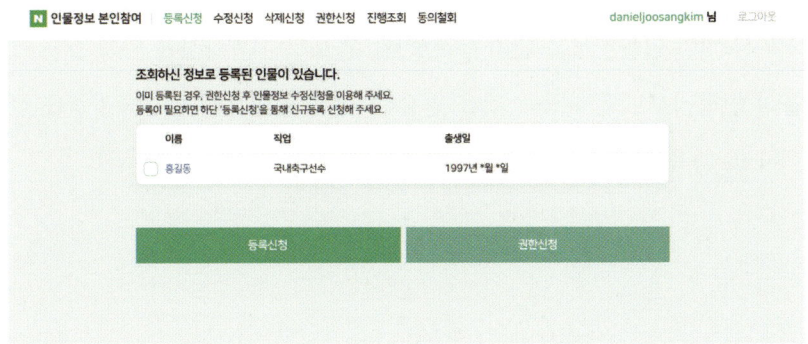

신규등록인 경우 대부분 동명이인이 있거나 등록된 인물이 없다고 나

올 것이다. 아래 하단의 초록색 "등록신청" 버튼을 눌러 다음 페이지로 넘어간다.

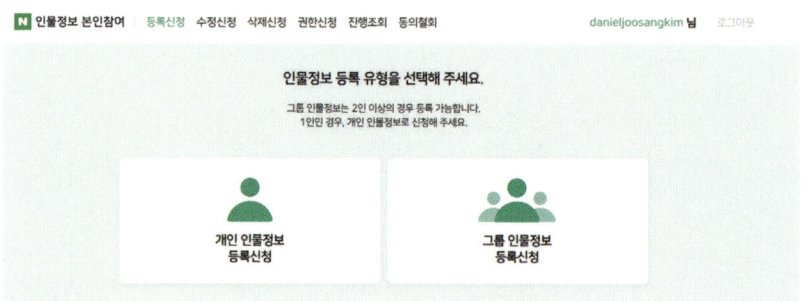

인물정보 등록에는 개인 신청과 그룹 신청 두 가지가 있다. 아이돌 그룹이나 밴드처럼 팀 단위로 정보를 등록할 경우에는 그룹 인물정보 등록신청을 선택하면 된다. 개인의 경우에는 개인 인물정보 등록신청을 진행하면 된다.

우선 개인 인물정보를 먼저 등록한 뒤, 필요하다면 앙상블 팀과 같은 그룹의 인물정보도 등록하는 것을 권장한다. 개인 인물정보 등록신청을 선택하고, 다음 페이지로 넘어간다.

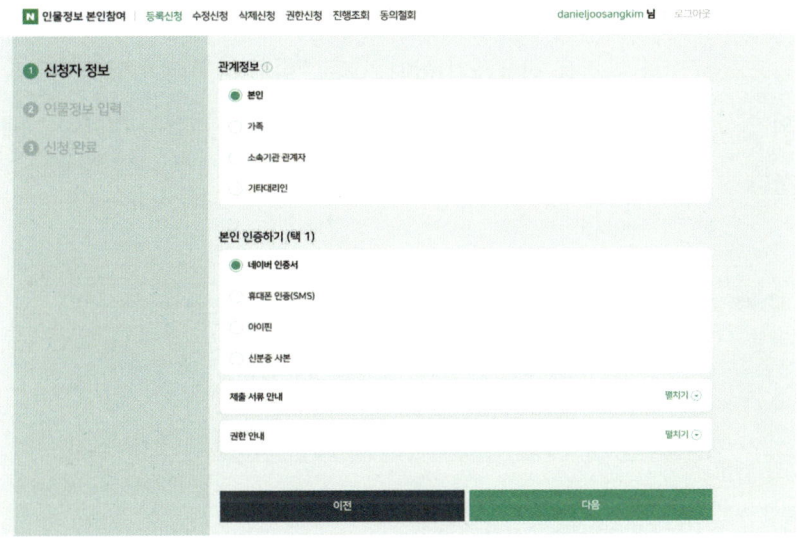

이 책을 보고 인물정보를 등록하는 개인이 본인이라는 가정하에, 본인 항목을 선택한다. 본인 인증 방법은 네이버 인증서, 휴대폰 인증, 아이핀, 신분증 사본 중 자신에게 가장 편리한 방법으로 진행하면 된다. 인증을 완료한 후에는 화면 하단의 초록색 '다음' 버튼을 눌러 다음 단계로 넘어간다.

인증이 완료되면 앞서 본 것과 같은 화면이 나타난다. 홍길동이라는 이름으로는 인증 과정을 진행하기 어려우므로, 현재 등록되어 있는 김주상의 인물정보를 예시로 보여 주겠다. 우선 기본정보에 이름을 정확히 기재한다.

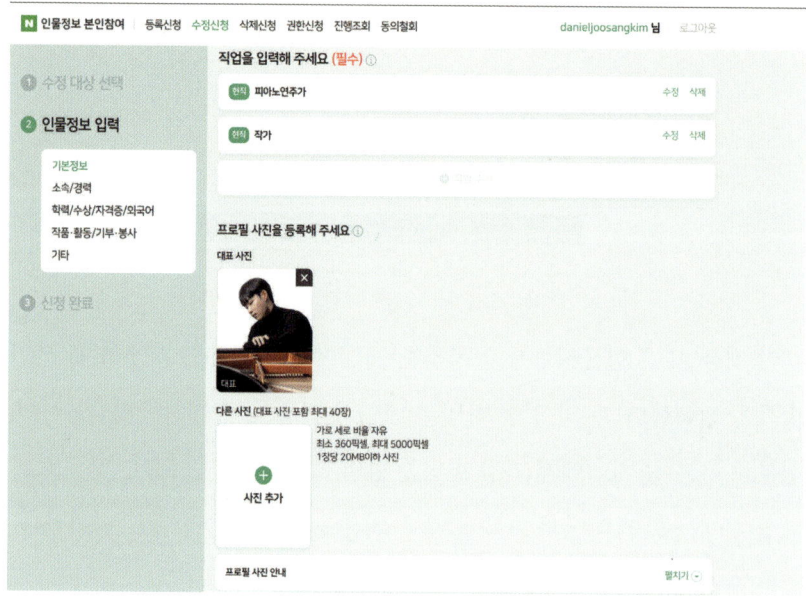

스크롤을 내려 직업을 입력하면 된다. 악기를 연주하는 사람은 직업 검색 시 '~연주가'로 분류되어 있으므로, 피아니스트라면 '피아노연주가'를 선택하여 설정하면 된다.

전문적인 프로필 사진을 등록하는 것도 매우 중요하다. 단순한 증명사진이 아니라, 음악가로서의 전문성과 이미지를 보여 줄 수 있는 사진을 대표 이미지로 업로드하는 것이 좋다.

출생 정보를 입력한 뒤에는, 등록 과정에서 가장 중요한 항목이 등장한다.

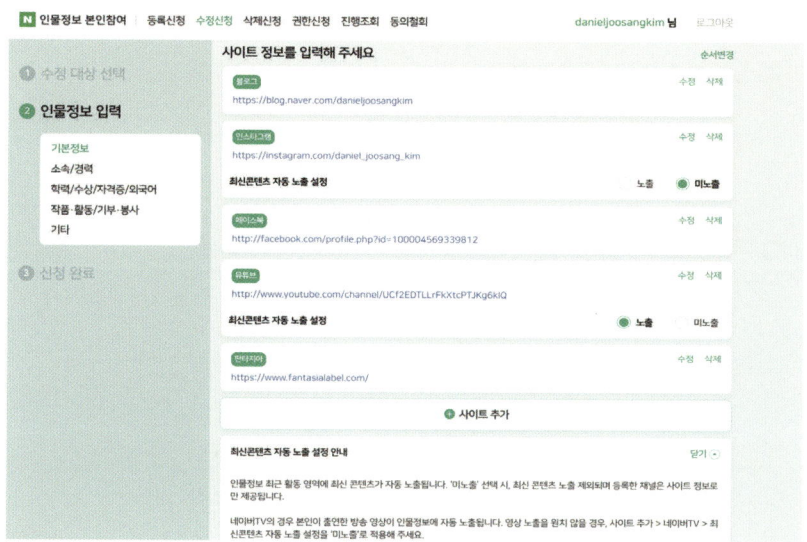

다음으로 사이트 정보 등록 단계이다. 블로그, 인스타그램, 페이스북, 유튜브 링크를 프로필에 함께 노출할 수 있으며, 블로그 게시글과 유튜브 영상이 프로필과 연동되어 표시된다. 이는 자기PR을 위한 매우 강력한 장치다. 각 플랫폼에 흩어져 있는 나의 정보를 유기적으로 연결하면, '나'라는 브랜드가 더욱 견고하게 구축된다.

이후 학력 정보, 수상 경력 등 다음 탭을 순서대로 입력하고 완료하면 된다. 이후 네이버의 자체 검토를 거쳐 인물정보 등록이 승인되거나 반려

된다. 반려되는 경우에는 이메일로 사유가 안내되며, 보완할 서류가 있거나 인증 정보가 잘못된 부분만 수정하면 등록을 문제없이 마칠 수 있다.

나무위키 인물등재

네이버 인물 등록과 함께 나무위키에도 인물 등재를 하면 포털 사이트 내 노출 빈도를 높일 수 있다. 나무위키는 누구나 정보를 생성하고 수정할 수 있다는 특성 때문에 공신력 있는 자료로 보기는 어렵지만, 연예인의 이름을 검색했을 때 포털 사이트 인물정보보다 더 자세한 내용을 확인하고자 하는 경우 많은 사람들이 나무위키를 참고한다.

나무위키에는 인물에 대한 세부 정보가 비교적 풍부하게 담겨 있으며, 아이돌이나 배우와 같은 연예인의 경우 팬들이나 소속사가 등록을 담당하고, 새로운 이력이 있을 때마다 업데이트하여 최신 상태를 유지한다. 실제로 유튜브 콘텐츠 가운데에는 연예인 본인이 직접 자신의 나무위키를 읽는 영상도 있어, 나무위키가 엔터테인먼트 업계에서 상당히 유용하게 활용되고 있음을 알 수 있다.

다만 나무위키에 인물을 등재하려면 HTML 코드 기반의 문법을 익혀야 한다. 네이버 블로그처럼 제목을 입력하고 사진과 텍스트를 단순히 첨부하는 방식이 아니라, 특정 코드 형식을 따라야 하는 것이다. 처음 나무위키에 인물 등록을 시도했을 때는 이 점이 어렵게 느껴졌지만, 기존 연예인의 문서를 열어 '수정' 버튼을 누른 뒤 코드를 복사하고 필요한 부분만 고쳐 사용하는 방법으로 시작하면서 점차 익숙해졌다. 지금은 어느 정도 작성법을 이해하여 빠른 시간 내에 등록과 수정이 가능하다.

나무위키 작성 시에는 직접 새로 작성하기보다는 이미 존재하는 저자 본인의 나무위키 문서 코드를 복사해 붙여넣은 뒤 필요한 정보만 수정하는 방법을 추천한다. 이렇게 하면 기본적인 구조와 서식이 유지되므로 훨씬 수월하게 편집할 수 있다. 단, 수정 과정에서도 사실에 입각한 내용만 반영해야 하며, 임의의 과장이나 허위 기재는 지양해야 한다.

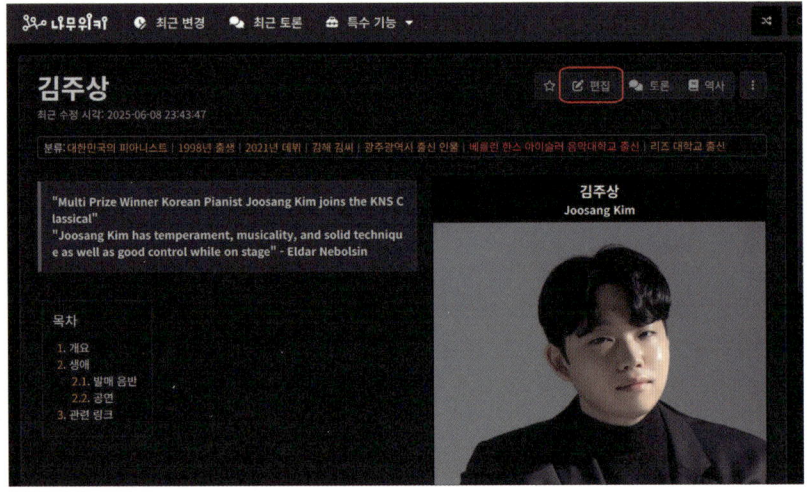

이미 작성된 저자 본인의 나무위키 페이지를 활용해도 무방하다. '김주

상'을 검색하여 해당 나무위키 문서를 찾았다면, 상단의 **편집** 버튼을 눌러 내용을 확인할 수 있다. 나무위키는 누구나 자유롭게 편집할 수 있는 구조이므로 접근 자체는 어렵지 않다. 다만, 반드시 사실에 근거하여 작성해야 하며 저자의 나무위키를 임의로 수정하거나 허위 정보를 기재하지 않도록 각별히 유의해 주기를 바란다.

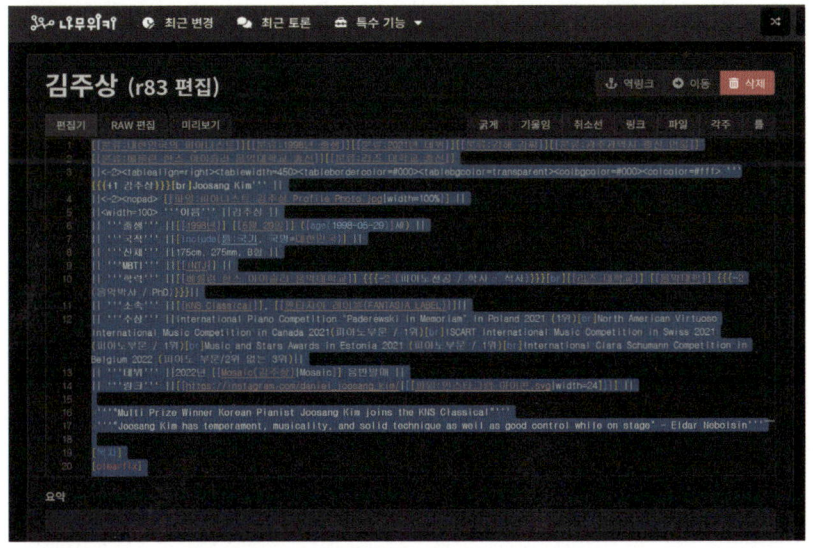

편집창에 들어오면, 우선 편집기 안에 있는 텍스트 코드를 복사한 뒤 새로 작성할 문서에 붙여넣고, 내용을 하나씩 읽어 가며 자신에게 필요한 정보에 맞게 수정하여 활용하면 된다.

나무위키에 프로필 사진을 비롯한 이미지를 업로드하기 위해서는 아래와 같은 과정을 반드시 거쳐야 한다.

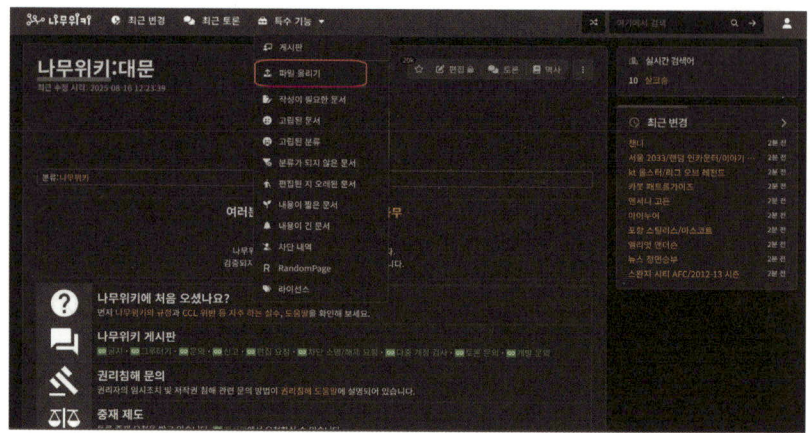

나무위키 상단의 **특수기능 → 파일 올리기**를 클릭하여 파일 업로드 창을 연다.

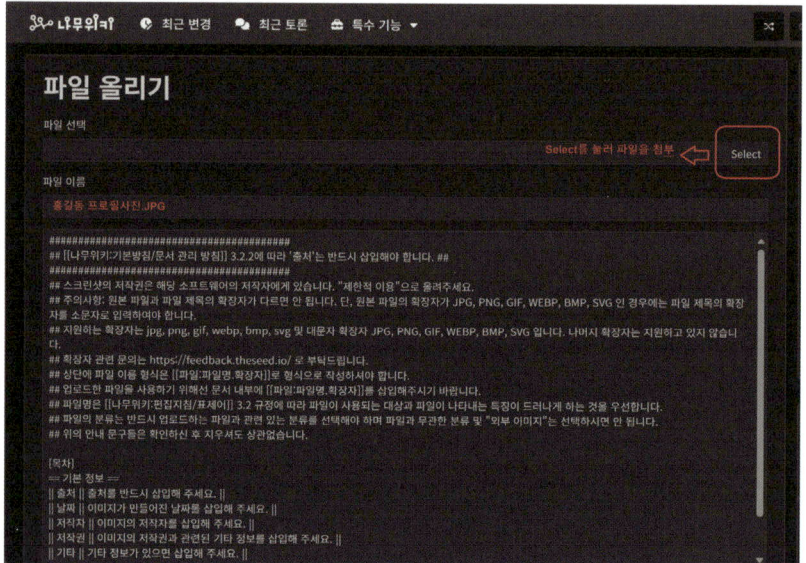

'파일 올리기'에서 **Select**를 눌러 이미지를 첨부한 뒤, 기억하기 쉬운 파일명으로 저장한다. 이후 세부 내용을 작성하는데, 상단의 가이드라인은 삭제하고 [목차] 부분부터 입력하면 된다. 마지막으로 카테고리를 선택하고 업로드 버튼을 누르면 등록이 완료된다.

이후 편집창에서 프로필 사진을 불러오려면, 저장한 파일명을 입력하면 된다. 예를 들어 [[파일:피아니스트 김주상 Profile Photo.jpg|width=100%]]와 같이 작성하면 사진이 표시되며, 최종적으로 화면에 사진이 나타나게 된다.

블로그 운영

판타지아 설립 이전부터 네이버 개인 블로그를 운영해 왔다. 블로그 인 플루언서들처럼 적극적으로 관리하지는 않았지만, 간간이 공연 소식이나 음악 관련 칼럼을 올리곤 했다. 현재는 판타지아를 운영하면서 블로그 관리에 조금 더 신경을 쓰고 있다.

피아니스트 김주상의 개인 블로그를 예시로 살펴보자. 블로그에는 프로필, 공연 일정, 레슨, 소식, 독일 유학생활, 음악 관련 글을 담은 '피아니스트 김주상' 탭과, 작가 김주상으로서의 글을 올리는 탭, 그리고 판타지아 레이블을 운영하는 사업가로서의 포스트를 올리는 '판타지아 레이블' 탭이 있다.

판타지아 공식 블로그와는 별도로 개인 블로그를 운영하는 이유는, 공적인 공식 블로그에서는 개인적인 생각이나 감정을 자유롭게 드러내기 어려우므로 레이블 관련 일지나 느낀 점을 개인 블로그에 솔직하게 기록하기 위함이다. 반면, 공식 블로그에는 공연 일정, 발매 앨범, 아티스트 소개 등 공적인 정보가 주로 업로드된다.

블로그 설정에서는 디자인과 카테고리 구성 등을 자유롭게 수정할 수 있다. 방법은 유튜브에도 많은 설명 영상이 올라와 있고, 네이버 공식 가이드라인도 존재하므로 자세한 설명은 생략한다. 블로그 글 작성에서 가장 중요한 것은 화려한 겉치레가 아니라 진정성 있는 글이다.

네이버 검색을 통해 블로그 글들을 보면, 약 80%는 실질적인 정보가 부족한 분량 채우기용 글이나 협찬 광고글이다. 대부분 글이 "오늘은 ~에 대해 알아보도록 하겠습니다"로 시작해 불필요한 내용을 중간에 넣고, 결론 없이 "오늘은 ~를 알아보았습니다"로 마무리되는 형식을 따른다. 최근에는 생성형 AI로 작성된 저급한 블로그 글이 많아, 블로그 기자단이나 체험단을 활용한 바이럴 마케팅에서도 진정성 있는 리뷰를 찾기 어려워졌다. 대신 딱딱하고 어색하며 신뢰도가 낮은 글이 주류를 이루고 있다.

레이블 일지에서는 다양한 글을 작성한다. 음반 녹음 현장, 마이크 세팅과 사운드 고민, BL 콘텐츠의 발전과 전용 스트리밍 플랫폼 등장에 따른 클래식 음악 고음질 전용 플랫폼 개발 필요성, 돌비 애트모스 믹싱 관련 이야기 등 다양한 주제를 솔직하게 담는다.

파워블로거들이 이모티콘과 인용구로 글을 화려하게 꾸미는 것과 달리, 나는 담백하고 솔직한 글쓰기를 선호한다. 다소 투박하게 느껴질 수 있지만, 실제 방문자들의 평가는 긍정적이다. 질 낮은 생성형 포스트가 아닌 개인의 진정성 있는 글로 채워진 블로그는 자연스럽게 신뢰를 얻고, 이를 바탕으로 협찬과 광고 제안도 받게 된다. 물론 개인 블로그는 앞으로도 협찬이나 광고 없이 나만의 공간으로 운영할 계획이다.

'블로그 운영하기'에서 큰 수익을 기대했다면 미안하지만, 시중에 나와 있는 '블로그로 수익을 만드는 방법'이나 '블로그로 월 천만 원 버는 직장인' 같은 책을 참고하는 편이 낫다. 내가 말하고자 하는 핵심은 일관된다. 블로그 글은 자신의 경험과 생각을 바탕으로 진솔하게 작성해야 방문자들에게 신뢰를 주며, 이 신뢰가 곧 블로그 운영자이자 개인인 나와 내 사업체에 대한 이미지를 형성한다.

단순히 수익형 블로그를 운영하는 것이 목적이 아니라, 나와 내 사업체를 신뢰할 수 있는 브랜드로 인식시키고자 한다면, 블로그 포스팅을 반드시 나의 언어로 작성하는 것이 바람직하다.

인스타그램 운영

인스타그램 운영도 블로그와 큰 차이가 없다. 개인 인스타그램 계정에는 블로그에 업로드한 포스트와 동일한 내용을 올리면, 다른 플랫폼에서도 중복으로 공유되어 더 많은 사람들에게 나의 생각을 전달할 수 있다.

필자는 현재 5개의 인스타그램 계정을 운영하고 있다. 피아니스트 김주상의 개인 계정 @daniel_joosang_kim, 작가 김주상의 도서 홍보 계정 @pianist_writer_js, 판타지아 레이블 계정 @fantasia_label, 판타지아 공연 기획사 계정 @fantasia_classics, 그리고 아트스페이스 홍학관 공식 계정 @artspacehhg이다.

개인 계정은 피아니스트 김주상으로서의 커리어를 모아 놓은 계정으로, 상단에 고정된 포스트에는 한글과 영문 프로필이 각각 게시되어 있다. 공연과 음반 발매를 공식적으로 홍보하는 자기 PR 계정이다. 작가 계정에는 지금까지 출간된 두 권의 도서와 향후 출간될 도서, 각 도서 홍보를 위한 카드뉴스와 포스터를 올리고 있다.

판타지아 레이블 계정과 공연기획 계정을 분리하여 운영하는 이유는 계정 피드의 통일성과 가독성을 높이기 위해서다. 레이블 계정에는 아티스트 소개와 발매 앨범만 게시하고, 공연기획 계정에는 공연 포스터, 프로그램, 실황 링크 등을 공유한다. 아트스페이스 홍학관 계정은 공연과 기자단 모집 공지 등 공식 정보를 업로드한다.

인스타그램 운영에서 중요한 것은 팔로워 관리다. 계정을 처음 만들면 팔로워와 팔로잉 모두 0이다. 계정을 만든 후 가장 먼저 해야 할 일은 계정 소개를 업로드하는 것이다. 개인 계정이라면 프로필 사진과 한글·영문 프로필 포스트를 상단에 고정한다. 이후 팔로우를 시작하는데, 계정 성격에 맞는 관련 계정을 먼저 팔로우하는 것이 좋다.

처음 팔로우할 대상은 내 연락처에 저장된 사람들이다. 이후 전문 연주자 계정을 찾아 팔로우하고, 그 연주자의 팔로워 리스트에 있는 다른 전문 연주자를 팔로우한다. 이런 방식으로 팔로잉을 이어 가면 맞팔로우가 돌아오며, 팔로잉과 팔로워가 천 명 이상이 되면 공격적인 팔로잉 없이도 자연스럽게 내 계정을 팔로우하는 사람들이 늘어난다. 이후에는 진짜 계정이며 계정과 관련 있는 팔로워만 맞팔로우하면 된다. 이 방식으로 판타지아 레이블과 공연 계정, 김주상 작가 계정을 운영해 왔다. 팔로워가 많아지면 스토리를 보는 사람도 자연히 많아진다.

인스타그램과 블로그 모두 해시태그를 활용한다. 예전만큼 중요하지 않다고 플랫폼에서는 안내하지만, 알고리즘의 선택을 받기 위해 사람들이 많이 검색하는 키워드를 포함하는 것이 좋다.

네이버 통합 광고주센터(구 네이버 검색광고)를 통해 추가적인 홍보를
진행할 수도 있다.

포털 검색창에서 '네이버 통합 광고주센터'를 검색한 후 접속한다. 네이
버 아이디가 있다면 해당 아이디로 회원 가입을 진행한다. 로그인하면 아
래와 같은 검색광고 관리 페이지가 표시된다.

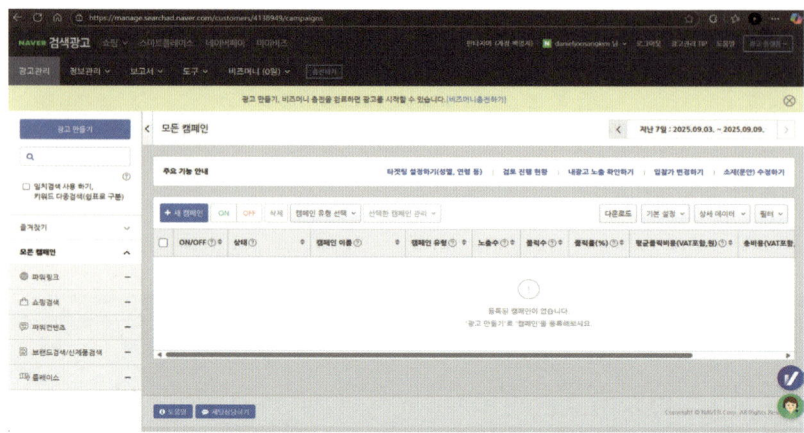

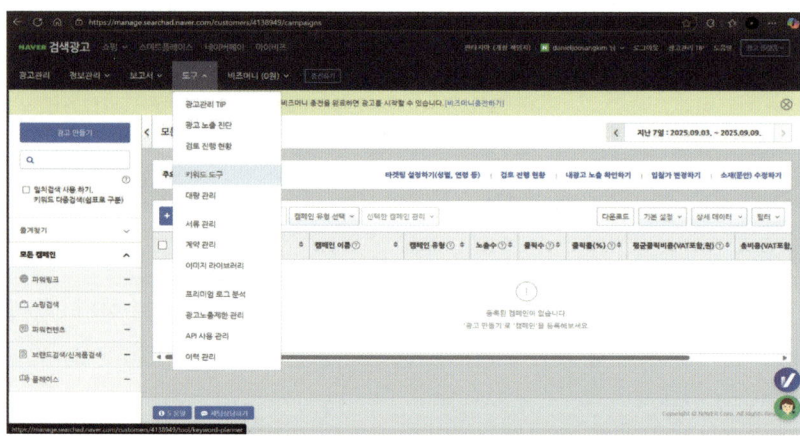

5개의 탭 중 '도구'를 선택한 후, 그 안에 있는 '키워드 도구'를 클릭하면 해당 페이지로 이동한다.

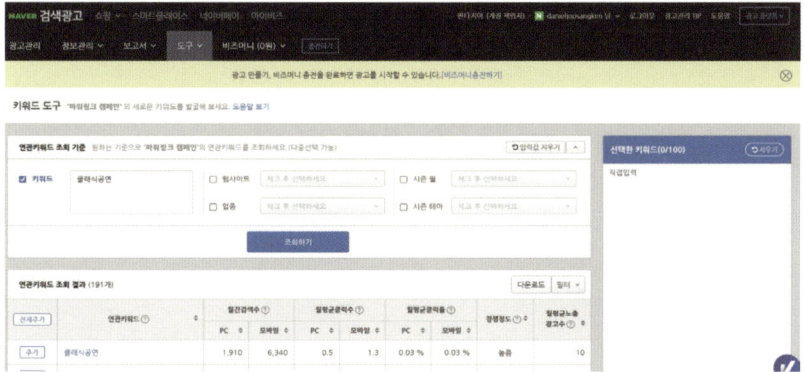

키워드 도구를 사용하면 사람들이 많이 검색하는 키워드를 확인할 수 있다. 예를 들어 '클래식공연'을 검색하면 검색량이 많은 순서대로 키워드가 노출된다. '피아노 레슨'을 키워드로 넣으면 의외로 '#추계예술대학교피아노'와 같은 키워드의 검색량이 높게 나타나기도 한다.

이를 활용하면 피아노 공연이나 레슨 관련 포스팅에 해당 키워드를 적절히 포함시켜 노출량을 늘릴 수 있다. 다만 관련 없는 키워드를 과도하게 삽입하면 포스트의 신뢰를 떨어뜨릴 수 있으므로, 본문과 연관성이 없는 키워드는 사용을 자제하는 것이 좋다.

예를 들어 피아노 독주회 홍보글에 검색량이 많다고 '#삼겹살맛집'과 같은 키워드를 붙이는 것은 작성자에 대한 신뢰를 잃게 만드는 부적절한 사례이다. 블로그와 인스타그램 모두 키워드 도구를 활용해 사람들이 많이 찾는 키워드를 파악하고 적절히 활용하면 노출량을 높일 수 있으며, 이는 홍보와 마케팅에서 중요한 역할을 한다.

유튜브 채널 운영

유튜브 채널 운영은 블로그나 인스타그램에 비해 쉽지 않다. 글과 사진으로 구성된 플랫폼과 달리, 유튜브는 영상 제작이 필수이기 때문에 추가적인 부담이 따른다. 현재 피아니스트 김주상의 개인 유튜브 계정과 판타지아 레이블 유튜브 계정을 운영하고 있다. 개인 계정에는 판타지아 설립 이전의 김주상 연주 영상을, 판타지아 레이블 계정에는 기획공연 실황의 풀버전과 곡별 클립을 업로드하고 있다.

판타지아 레이블의 사업이 확장됨에 따라 유튜브용 음악 콘텐츠 제작을 단기 목표로 두고 있지만, 현재는 제작 여력이 충분하지 않다. 구독자와 조회수를 늘리는 구체적인 방법은 잘 알지 못하지만, 썸네일의 중요성은 분명하다. 썸네일이 없는 영상과 있는 영상을 비교하면 조회수 차이가 뚜렷하게 나타나며, 유튜브 알고리즘도 썸네일이 있는 영상을 더 추천하는 경향이 있는 듯하다. 몇 가지 실험 결과, 썸네일이 포함된 영상이 확실히 더 많은 조회수를 기록했다.

유튜브 채널 설정은 매우 중요하다. 프로필 사진에는 로고를 사용하고, 상단 대문 이미지 역시 로고를 활용하되 배경을 가로로 늘려 채우면 좋다. 이렇게 하면 채널을 방문한 사람들이 '채널이 잘 관리되고 있다'는 인상을 받을 수 있다.

판타지아 레이블 유튜브 계정의 영상들을 보면 썸네일이 적용된 것을 확인할 수 있다. 이러한 썸네일은 미리캔버스 같은 웹 기반 디자인 툴을 활용해 쉽게 제작할 수 있다. 툴에서 캔버스 사이즈를 유튜브 썸네일 규격으로 설정하면, 적절한 크기의 이미지를 손쉽게 만들 수 있다.

유튜브에서 가장 높은 조회수를 기록하는 콘텐츠는 숏폼 영상이다. 유튜브 쇼츠를 제작하고, 해시태그에 적절한 키워드를 활용하면 알고리즘에 노출될 가능성이 높아진다. 또한 채널 설명을 충실히 작성하는 것도 중요하다. 채널 방문자가 계정의 성격과 콘텐츠를 한눈에 이해할 수 있도록 명확하고 간결하게 정보를 제공하는 것이 좋다.

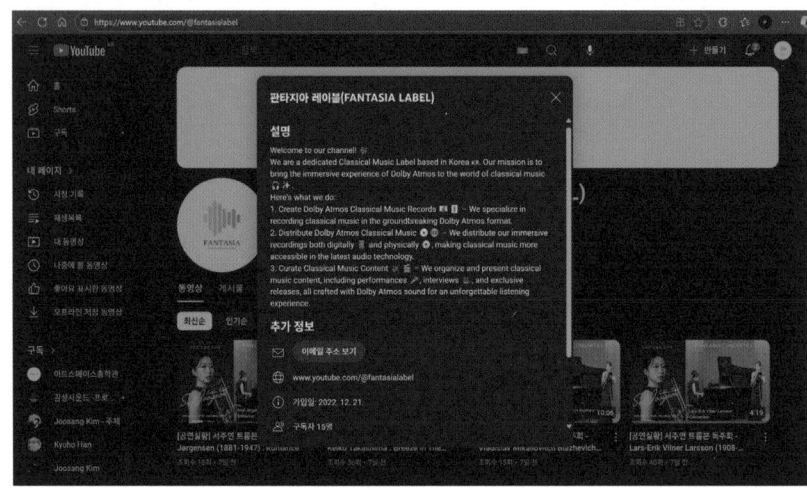

유튜브 스튜디오에 접속하여 채널의 기본 설정, 채널 설명, 추가 정보를 자세히 입력하는 것은 브랜드 이미지를 강화하는 데 도움이 된다. 영상 업로드 시에도 상세 설명을 대충 작성하기보다는 성의 있게 작성하고, 하단에 해시태그로 관련 키워드를 넣어 노출을 높이는 것이 중요하다.

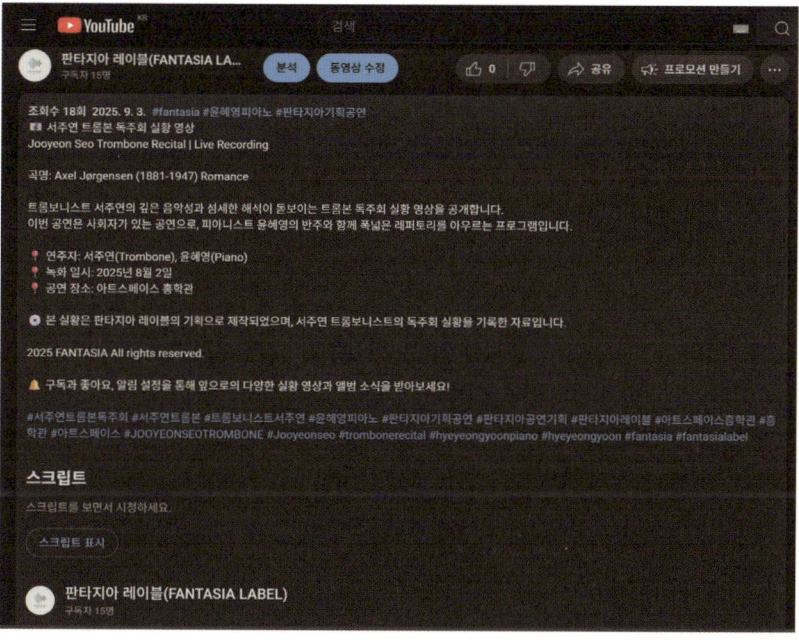

포털 뉴스와 인터넷 뉴스 기사 송출

사업체 홍보나 공연, 음반 발매, 아티스트 소식을 알리는 방법 중 하나로 '뉴스 송출'이 매우 효과적이다. 뉴스에 기사가 나온다는 사실만으로도 일반 대중에게 공신력 있는 정보로 인식되기 때문이다.

판타지아를 운영하기 이전에도 독주회를 앞두고 지역 신문사나 포털 뉴스 언론사를 통해 공연 소식을 기사로 송출하곤 했다. 주변에서 "기사를 내주다니 대단한 사람인가 보다"라는 이야기를 듣고, 뉴스 송출이 가진 영향력을 실감하게 되었다.

포털 뉴스와 인터넷 뉴스는 구분된다. 포털 뉴스는 네이버, 다음 등 포털 사이트의 뉴스 탭에 노출되는 기사이며, 인터넷 뉴스는 포털 뉴스탭에 노출되지 않는 사설 인터넷 언론을 말한다. 일반적으로 인터넷 뉴스는 뉴스와이어 같은 서비스를 통해 포털에 기사를 올리면 10곳 이상의 인터넷 뉴스 페이지가 이를 퍼 나르므로, 양적으로는 많지만 질보다는 양에 초점이 맞춰진다. 포털 뉴스 1건과 인터넷 뉴스 10건을 함께 송출하는 것이 효과적이므로 나는 이러한 방식을 적용하고 있다.

포털 뉴스는 하루에 같은 내용을 여러 건 송출하면 대표 기사 하나에 나머지는 하위 카테고리로 묶이기 때문에, 같은 내용이라도 2~3일에 걸쳐 송출하는 방식으로 조절한다.

뉴스 송출 방법은 크몽과 같은 플랫폼을 통해 가능하며, 일정 비용이 발생한다. 내가 이용하는 서비스의 경우 포털 뉴스 1건은 50,000원, 인터넷 뉴스 10건은 20,000원 정도로 진행하고 있다. 메이저 언론사의 경우 1건에 350,000원 이상이지만, 일반 언론사는 비교적 저렴한 가격으로 송출할 수 있다.

기사와 사진은 직접 제공해야 한다. 기사 작성이 막막하다면, 포털 사이트에서 관련 기사를 검색해 형식을 참고하는 방법이 유용하다. 예를 들어 피아노 독주회 홍보기사를 작성할 때, 포털에서 '피아노 독주회'를 검색해 뉴스 탭에 나온 기사 5개 정도를 스크랩하여 양식으로 활용할 수 있다. 이미 작성된 기사 형식을 참고해 내용만 변경하면 되고, 사진은 연주회 포스터나 연주자 프로필 사진을 제공하면 된다.

뉴스

•**관련도순**　•최신순　　모바일 메인 언론사 ⬤

한국목재신문 · 2025.04.01.　　　　　　　　　　　⋮

아트스페이스 홍학관 아트살롱 연주회, **김주상 피아노** 리사이...

피아니스트 **김주상 피아노** 리사이틀의 부제는 "Eternal Melody"로, 홍학
관에서 음악이 끊이지 않고 연주되기를 바라는 음악감독으로서의 소망을
담은 부제이다. 그는 요제프 하이든의 카프리치오 다장조와 피아노 소...

Ⓝ 내외경제tv · 2024.08.16.　　　　　　　　　　　⋮

예술단체 판타지아, 첫 기획연주 '**김주상 피아노** 리사이틀-Fant...

설립 이후 처음 개최되는 기획연주에 판타지아의 대표이자 작가인 피아
니스트 **김주상**이 **피아노** 리사이틀로 문을 연다. 예술단체 판타지아의 기
획연주인 만큼 피아니스트 **김주상**이 준비한 프로그램은 상상력 가득한...

KBS · 2024.09.20. · 네이버뉴스　　　　　　　　　⋮

[문화가소식] **김주상 피아노** 리사이틀 'Fantasia' 외

🐝 공감신문 · 2024.08.12.　　　　　　　　　　　　⋮

피아니스트 **김주상**, 9월 리사이틀 개최

8월 12일 김주상의 책 <음악해서 뭐 먹고 살래?>가 바른북스 출판사를
통해 출간되었다. 기대를 한몸에 받고 있는 **김주상 피아노** 리사이틀은 9

체험단과 기자단 모집을 통한 바이럴 마케팅

홍보와 마케팅에 관심을 조금이라도 가져본 사람이라면 '바이럴 마케팅'이라는 단어를 접해 보았을 것이다. 바이럴 마케팅은 초기에 의도적으로 블로그나 인스타그램 등에서 홍보성 글을 자연스럽게 퍼트려 노출량을 늘리면, 이후 불특정 다수의 사람들이 입소문을 내어 정보가 확산되는 전략이다.

포털 사이트에서의 바이럴 마케팅은 블로그와 카페 마케팅이 대표적이다. 예를 들어, 네이버 카페 '컬쳐블룸'을 통해 공연이나 도서 등의 서평단과 후기단을 모집할 수 있으며, 보다 정확한 인플루언서를 섭외하고 싶다면 '아싸뷰', '레뷰', '티블' 등의 인플루언서 모집 플랫폼을 활용하면 된다. 또한 카카오톡 오픈채팅에서 '블로그 체험단', '인스타 체험단'을 검색하여 단톡방에서 모집하는 방법도 있다.

저자가 직접 진행한 바이럴 마케팅 사례로는 2024년 김주상 피아노 리사이틀, 김주상 피아노 레슨 맘카페 체험단, 도서 〈음악해서 뭐 먹고 살래?〉 서평단, 도서 〈독일 음대 유학 가이드북〉 서평단, 음반 〈Mosaic〉 기자단, 음반 〈CHOPIN: ETERNAL MELODY〉 기자단 등이 있다.

검색창에 '김주상'을 입력하면 출간 도서와 발매 음반, 공연 관련 다양한 블로그 글을 확인할 수 있다. 체험단과 기자단 모집 공고에는 최소 글자 수, 사진 수, 피아니스트 김주상 프로필 언급 등 기본 조건을 명확히 작성하고, 기자단의 경우 원고와 사진을 제공하며, 체험단은 직접 방문하거나 제품을 체험한 후 리뷰를 작성하도록 안내하였다.

바이럴 마케팅을 효율적으로 운영하기 위해서는 몇 가지 전략이 중요하다. 우선 지원자를 모집할 때 설문을 통해 타깃과 적합한지 확인하고, 조건에 맞는 인플루언서를 선별해야 한다. 체험단과 기자단에게는 일정과 제출 마감일을 명확히 안내하고, 필요시 리마인드 메일이나 DM으로 참여율을 높인다. 제출된 리뷰는 링크와 내용을 확인하며, 기준 미달일 경우에는 피드백을 제공해 다음 포스팅의 품질을 향상시킨다.

또한, 바이럴 효과를 극대화하기 위해서는 SNS 채널과 블로그를 동시에 활용해 노출 경로를 다양화하고, 해시태그와 키워드, 타이틀 최적화를 통해 검색 노출을 높이는 것이 좋다. 체험단과 기자단이 작성한 포스팅을 공식 채널에서 공유하면 2차 노출도 가능하다. 모든 포스팅에 대해 조회수, 댓글 수, 공유 수 등 데이터를 기록하고 분석하여, 어떤 채널과 형식이 효과적이었는지 확인하고 다음 체험단 모집과 홍보 전략에 반영한다.

마지막으로 법적·윤리적 관리도 중요하다. 광고성 포스팅임을 명시하도록 안내하고, 저작권과 사진 사용권, 리뷰 내용의 사실성을 철저히 관리해야 한다. 과도한 보상이나 과장된 표현이 포함되지 않도록 주의하는 것이 신뢰를 유지하는 핵심 요소다.

이와 같이 체계적으로 운영되는 바이럴 마케팅은 단순히 노출량을 높이는 것을 넘어, 브랜드와 아티스트에 대한 신뢰를 구축하고, 향후 홍보와 마케팅 활동의 기반이 된다.

부록

1. 판타지아 기획공연 포스터 & 양면 전단

PROGRAM

Paul BONNEAU
Caprice en forme de valse solo pour Saxophone

Astor Piazzola
Histories du Tango pour saxophone Sib et piano
I. Bordel 1900
II. Cafe 1930
III. Nightclub 1960

Rudy Wiedoeft
Valse Vanity pour saxophone alto et piano

Darius Milhaud
Scaramouche suit pour saxophone et piano
III. Brazileira

Intermission

Victor Morosco
Blue Caprice

Toshio Mashima
Gershiwin's COCKTAIL for Alto Saxophone and Piano

Philippe Geiss
Shiorindia pour saxophone alto et audio accompaniment

Pedro Ittturalde
Pequeña Czarda pour saxophone alto et piano

Saxophone - 윤주승 (Juseung Yoon)

전남대학교 예술대학 음악학과 졸업
프랑스 말메종 국립 음악원 전문연주자과정 졸업
프랑스 말메종 국립 음악원 실내악 최고연주자과정 졸업
프랑스 파리 국립 음악원 최고연주자과정 졸업
다수의 협연 및 독주회
한국음악협회콩쿠르, Concours National de Musique de Lempdes, Concours de Saxophone Parisien 입상
현)전남도립대학교, 전남과학대학교, 광신대학교, 전주대학교 출강
Yamaha Saxophone Artist
Paris JLV Sound Artist
프로방스 색소폰 앙상블, The Bros Combo Band 대표

Piano - 정치연

전남대학교 예술대학 음악학과 졸업
전남대학교 예술대학 일반대학원 음악학과 졸업
C-N PIANO 회원
앙상블딜레 회원
K클래식 앙상블 회원
한국피아노학회 회원

고재현 트롬본 독주회

JAEHYUN KO
TROMBONE
RECITAL

2025.09.20. SAT 19:30 아트스페이스 홍학관

주최 FANTASIA ART ORGANIZATION 주관 Art space 홍학관 예매 티켓링크

PROGRAM

Stjepan Šulek
Sonata Vox Gabrieli

Norman Bolter
Sagittarius 2

Georges Bizet / Arr. Glenesk Mortimer
Carmen Fantasy

Intermission

Sergei Prokofiev / Arr. Charles Vernon
Suite from Romeo and Juliet
1. Act One, Introduction
3. Public Merry-Making
4. The Young Girl Juliet
6. Montagues and Capulets
7. THe Death of Tybalt
9. Romeo and Juliet at Parting
10. Juliet's Death and Funeral

Trombone - 고재헌

트롬보니스트 고재헌은 전남대학교 예술대학 음악학과를 졸업한 후, 프랑스로 유학하여 리옹 국립 고등 음악원(Conservatoire National Supérieur Musique et Danse de Lyon)을 졸업하였다. 재학 중 서용일, 이제롱, 그리고 세계적인 트롬본 거장인 Michel Becquet, Frédéric Potier, José Isla Julian을 사사하며 전문 연주자로서의 기량을 다졌다.

대학 재학시절 음악교육신문사 학생음악콩쿠르, 한국음악협회 국제학생음악콩쿠르, 해외파견콩쿠르 등 다수의 콩쿠르에서 입상하며 트롬본 연주자로서의 실력을 인정받았으며, 서울시립교향악단, 광주시립교향악단, 성남시립교향악단, 강남심포니오케스트라, 통영페스티벌오케스트라 등에서 객원 단원으로 활동하며 오케스트라 연주자로서의 경험을 쌓았습니다.

프랑스에서는 리옹 국립 오페라 오케스트라를 비롯하여 생테티엔 시립 오케스트라, 오베흐뉴 국립 오케스트라 등 유수의 오케스트라와도 객원 단원으로 활동을 비롯해 프랑스 리옹 국립 음악원의 초청으로 연주회를 가지며 유럽 무대에서도 활발한 연주 활동을 펼쳤다.

국내외에서의 다양한 협연 경험 또한 돋보이며, 전남대학교 오케스트라 및 심포닉밴드, 티오피 콘서트밴드, 프로방스 색소폰 앙상블 등과의 협연을 비롯해 개인 독주회와 다수의 트롬본 앙상블 공연을 통해 독주자 및 앙상블 연주자로서도 활발히 활동하고 있다.

현재 전남과학대학교와 부산대학교에 출강하며 후학율 양성에 힘쓰는 동시에, TRO's Trombone Ensemble(트로스 앙상블)의 대표이자 T.O.P Concert Band(티오피 콘서트밴드), THE BROs COMBO BAND(더브로캄보밴드)의 단원으로서 다양한 음악 활동을 이어가고 있다.

Piano - 정치연

전남대학교 예술대학 음악학과 졸업

전남대학교 예술대학 일반대학원 음악학과 졸업

C-N PIANO 회원

앙상블밀레 회원

K클래식 앙상블 회원

한국피아노학회 회원

판타지아 기획연주 시리즈 - 한규호 피아노 리사이틀

KYUHO HAN
PIANO RECITAL

2025.09.26. FRI 19:30   아트스페이스 흥학관

주최 FANTASIA   주관 Art space 흥학관   예매 티켓링크   문의: 010-4649-5595

PROGRAM

L.v.Beethoven (1770-1827)
Andante Favori WoO 57 in F Major

S.Prokofiev (1891-1953)
Piano Sonata No.2 Op.14 in d minor
I.Allegro ma non troppo
II.Scherzo. Allegro marcato
III.Andante
IV. Vivace

INTERMISSION

C.Schumann (1819-1896)
Romance Op.11 No.2 in g minor

R.Schumann (1810-1856)
Davidsbündlertänze Op.6 in G Major
1. Lebhaft (G major)
2. Innig (B minor)
3. Etwas hahnbüchen (G major)
4. Ungeduldig (B minor)
5. Einfach (D major)
6. Sehr rasch und in sich hinein (D minor)
7. Nicht schnell. Mit äusserst starker Empfindung (G minor)
8. Frisch (C minor)
9. Lebhaft - Hierauf schloss Florestan un es zuckte ihm schmerzlich um die Lippen (C major)
10. Balladenmässig. Sehr rash (D minor)
11. Einfach (B minor)
12. Mit humor (E minor)
13. Wild und lustig (B minor)
14. Zart und singend (E ♭ major)
15. Frisch (G minor)
16. Mit gutem Humor (G major)
17. Wie aus der Ferne (B major)
18. Nicht schnell - Ganz zum Überfluss meinte Eusebius noch Folgendes, dabei sprach aber viel Seligkeit aus seinen Augen (C major)

PIANIST - 한규호(KYUHO HAN)

피아니스트 한규호는 7세로 피아노에 입문하여 예술의전당 영재아카데미, 한국예술종합학교 예비학교 및 영재교육원을 수료하였다. 중고교 과정은 예원학교와 서울예술고등학교에서 탄탄한 내실을 다지며 실기우수로 졸업하였다. 이어 장학생으로 한국예술종합학교 예술사에 입학하여 수학 중 독일 유학길에 올라 뮌헨 국립음대 학사, 프랑크푸르트 국립음대 석사, 그리고 뮌스터 국립음대에서 최고연주자 과정을 각각 졸업하며 연주자로서의 내실을 다졌다. 국민일보 한세대 콩쿠르, 틴에이저 콩쿠르, 음악춘추콩쿠르, 성정음악콩쿠르 등 여러 국내 콩쿠르에서 1위로 입상하며 일찍이 두각을 나타낸 그는 나아가 프라하의 봄 국제콩쿠르 3위(2016), 센다이 국제콩쿠르 청중상(2019), 서울국제음악콩쿠르 6위(2021), 뮌스터 피아노콩쿠르 1위(2021), 스타인웨이 퓌어더프라이즈 수상(2023) 등 세계 유수의 국제콩쿠르에서도 기량을 인정받았다.

그는 금호 영아티스트 독주회를 시작으로 다양한 무대를 통하여 관객과 소통하고 있다. 특히 독일 뮌헨 가스타이, 체코 프라하 루돌피눔, 독일 슌던 옐세데 성, 루마니아 부쿠레슈티 아테네움, 프랑스 파리 잘 코르토(Salle Cortot), 독일 장크트 아프라 작센 주립 감나지움(마이센 피아노페스티벌 초청), 체코 프라하 성 시몬&유다 성당, 독일 쿨투어첸트룸 라인캄프, 일본 센다이 히타치 시스템 홀 등 각지의 유서 깊은 홀에서 독주회를 가진 바 있다. 협연자로 나선 무대에서는 프라하 심포니 오케스트라, 센다이 필하모닉 오케스트라, 군포 프라임 필하모닉 오케스트라, 니더라인 캄머 오케스트라 외에스 등과 연주하여 다양한 레퍼토리를 소화하였다.

아울러 베를린 (주)독일 한국문화원에서 기획한 <우리 함께 콘서트>에 참여하며 코로나19 상황에도 온라인 플랫폼으로 관객과 소통하였고, 또한 대전 카이스트 AI연구팀과 함께 문화와 기술을 융합한 프로젝트에 참여하는 등 클래식의 저변 확대에 기여하였다. 강충모, 이혜전, 손은정, 김문정, Arnulf von Arnim을 사사한 그는 이 외에도 다수의 마스터클래스에 참가, Robert Levin, Pascal Devoyon, Jonathan Aner, Jan Jiracek von Arnim, Yuka Imamine, Elena Margolina 등의 가르침을 받으며 음악적 시야에 그 깊이를 더하였다. 현재 귀국 독주회를 앞둔 그는 이번 연주를 시작으로 한국에서의 활동을 부단히 넓혀 갈 예정이다.

트로스 앙상블 초청 연주회

TRO'S ENSEMBLE

2025.12.06. SAT 19:30

아트스페이스 흥학관

(광주광역시 동구 문화전당로 35번길 16-4, 지하 1층)

주최·주관 FANTASIA   예매 티켓링크   후원 FANTASIA MUSIC INSTITUTE   문의 010-4649-5595

PROGRAM

Steven Verhelst	The River Bells
Keiko Takashima	Beyond the Sandy Hill

1. Introduction
2. Smiling Sunflowers
5. Beyond the Sandy Hill

Steven Verhelst	Slidelink Sonic

INTERMISSION

Kevin Mckee	Last lap
Ricardo Mollá	White Sands
Seth E. Brown	Cogworks

TRO'S ENSEMBLE

Tenor Trombone

서용일
- 네덜란드 로테르담 음악원 졸업
- 전남대학교, 조선대학교, 광주대학교, 서남대학교, 목포대학교, 광주예술고등학교 강사역임
- 광주시립교향악단 상임수석, 트로스앙상블 리더

이상헌
- 경원대학교(현 가천대학교) 음악대학 관현악과 졸업
- 과천청소년교향악단, 올림픽윈드앙상블 단원 역임
- 광주시립교향악단 상임단원, 트로스앙상블 단원

홍성혁
- 전남대학교 예술대학 음악학과 졸업
- 목포대학교 교육대학원 음악교육 졸업
- 프로젝트 더울림 리더, 트로스앙상블, 졸리브라스사운드, 광주브라스콰이어 단원

김태혁
- 중앙대학교 예술대학 음악학부 졸업
- 단국대학교 교육대학원 졸업
- 음악저널, 음악교육신문, CBS콩쿠르 등 입상
- 목포시립교향악단 상임단원, 트로스앙상블 단원, 예산윈드오케스트라, 302윈드오케스트라 지휘자

김의찬
- 목포대학교 음악학과 졸업
- 프로젝트 더울림, 마제스틱윈드오케스트라 단원

정선우
- 광주예술고등학교 졸업
- 제 64회 호남예술제 대상
- 광주예술고등학교, 전남대학교 예술대학 실기우수자
- 목포시립교향악단, 광주윈드오케스트라, 광주시립오페라단 등 객원 연주 참여

Bass Trombone

김용환
- 전남대학교 예술대학 음악학과 졸업
- 목포대학교 교육대학원 음악교육 졸업
- 동신대학교, 광주대학교, 목포대학교 강사역임
- 광주시립교향악단 상임단원, 트로스앙상블 단원

고재현
- 전남대학교 예술대학 음악학과 졸업
- 프랑스 리옹국립고등음악원 졸업
- 트로스앙상블 대표, 티오찌콘서트밴드, 더브로캄보밴드 단원
- 부산대학교, 전남과학대학교 출강

Tuba

심재영
- 울산대학교 음악대학 졸업
- 양산시립관악단 단원 역임
- 조선대학교, 광주대학교, 남부대학교, 인제대학교 강사역임
- 광주시립교향악단 상임단원, 트로스앙상블, 금관앙상블 브래싱 단원

PROFILE———

J. S. BACH
: *FRENCH SUITE NO.5 IN G MAJOR, BWV 816*

- ALLAMANDE
- COURANTE
- SARABANDE
- GAVOTTE
- BOURRÉE
- LOURE
- GIGUE

L. V. BEETHOVEN
: *PIANO SONATA NO.30 IN E MAJOR, OP. 109*

Ⅰ. VIVACE MA NON TROPPO - ADAGIO ESPRESSIVO
Ⅱ. PRESTISSIMO
Ⅲ. GESANGVOLL, MIT INNIGSTER EMPFINDUNG
   - ANDANTE MOLTO CANTABILE ED ESPRESSIVO

Intermission

R. SCHUMANN
: *FANTASIE OP. 17*

Ⅰ. DURCHAUS PHANTASTISCH UND LEIDENSCHAFTLICH VORZUTRAGEN
Ⅱ. MÄSSIG. DURCHAUS ENERGISCH
Ⅲ. LANGSAM GETRAGEN. DURCHWEG LEISE ZU HALTEN

—

2025.07.12 SAT 2PM

SHIN YOUNG LEE PIANO RECITAL

PROGRAM

Johann Sebastian Bach (1685-1750)
Prelude and Fugue No. 17 in A-flat Major, BWV 862

Ludwig van Beethoven (1770-1827)
Piano Sonata No. 26 in E-flat Major, Op. 81a "Les Adieux"

I. Adagio - Allegro, "Das Lebewohl"

II. Andante espressivo, "Abwesenheit"

III. Vivacissimamente, "Das Wiedersehen"

Intermission

Claude Debussy (1862-1918)
Estampes

I. Pagodes

II. La soirée dans Grenade…

III. Jardins sous la pluie

Sergei Prokofiev (1891-1953)
Piano Sonata No. 3 in a minor, Op. 28

Pianist 윤혜영

윤혜영은 광주예술고등학교와 전남대학교 예술대학 음악학과를 졸업한 후, 현재 경희대학교 음악대학에서 석사과정을 통해 학문적 깊이를 더해가고 있다.

국내에서는 콩치노콩크리트, 플뤼겔하우스, 전남대학교, 광주대학교, 호남예술제, 광주음악협회 콩쿠르 등에서 입상하였고, 국외에서는 Talent Music Summer Courses & Festival in Italy Brescia 수료, Oxana Yablonskaya Piano Institute in Los Angeles 수료 및 Competition 1st Prize를 수상하며 국제적인 음악 경험을 쌓았다. 또한 전남대학교 신입생 연주회 및 피아노 정기연주회에 실기 우수자로 선정되어 무대에 올랐으며, 광주예술고등학교 실내악 프로젝트 수료 및 예향제 피아노 앙상블 연주, 명아티스트콘서트 연주, 광주문화재단 월요콘서트 실내악 연주, 전남대학교 음악학과 관악합주 객원 연주, 프로젝트 더울림 객원 연주 등 다양한 무대에서 활동해왔으며 실내악과 반주에서도 음악적 영역을 넓혀가고 있다.

윤혜영은 안혜선, 신수경, 김유빈, 방인주, 이철민을 사사하였으며, Arkadi Zenziper, Oxana Yablonskaya, Hardy Rittner, Oliver Kern, Ludger Maxsein, Stephan Imorde, Konstanze Eickhorst, 이대욱, 임종필의 마스터클래스에 참여하며 음악적 기량을 지속적으로 발전시키고 있다.

PROGRAM

Lars-Erik Vilner Larsson (1908-1986)	Concertino
	I . Preludium: Allegro pomposo
	II . Aria : Andante sostenuto
	III . Finale : Allegro giocoso
Vladislav Mikailovitch Blazhevich (1881-1942)	Concerto No.1

Intermission

Keiko Takashima (1962-)	Breeze in The Hearts, Bloom in The World
	Sonata for Trombone and Piano
	I . Andante
	II . Nostalgia - Andante
	III . Serenade - Allegretto
	IV . Allegretto tempo giusto
Axel Jørgensen (1881-1947)	Romance

트롬본 서주연
Jooyeon Seo, Trombone

트럼보니스트 서주연은 광주예술고등학교와 전남대학교 예술대학 음악학과에 재학하는 동안 다양한 연주 무대에 오르며 음악적 역량을 키워왔다. 광주윈드오케스트라, 카메라타전남, 프로젝트 '더 울림'의 단원으로 활동했으며, 목포시립교향악단, 광주오페라단, 광주시민오케스트라 등 다양한 연주에서 객원 연주자로 무대에 섰다. 호남예술제 및 광주대학교 콩쿠르에서 1위를 수상하였고, 광주예술고등학교 재학 중에는 신입생 실기 우수자 연주와 실기 우수자 연주 무대에 올랐으며, 전남대학교 재학 중에도 실기 우수자 연주와 관악합주 협연을 통해 두각을 나타냈다. 현재 독일에서 Hochschule für Musik Detmold에서 Prof. Otmar Strobel의 지도하에 Master of Music Solist 과정을 졸업 하였으며 Master Kammermusik 과정 입학예정이다. 또한 Detmolder Kammer Orchestra 단원으로 활동하고 있으며, Paderborn Universität Orchester, Musik in der Michaeliskirche Kaltenkirchen(북유럽 투어 연주) 등에서 객원 연주자로도 활약하고 있다.

서주연은 손원일, 서용일, Prof. Otmar Strobel에게 사사하였으며, 세계적인 트롬본 연주자인 Ian Bousfield, Matthias Weiß에게 마스터클래스를 수강하며 끊임없는 노력으로 음악적 깊이를 더해가고 있다.

PIANO 윤혜영

- 광주예술고등학교 졸업
- 전남대학교 예술대학 음악학과 학사 졸업
- 경희대학교 음악대학 석사 재학중

Trombone Recital
Seo Jooyeon

2. 판타지아 레이블 앨범아트

피아니스트 김주상의 디지털EP

5 IMPROVISATIONS "INSPIRATION"

발매일: 2025. 01. 13.

피아니스트 이태이의 디지털EP

MOZART&CHOPIN

발매일: 2025. 07. 10.

피아니스트 최은영의 디지털 앨범

PIANO RECITAL LIVE

발매일: 2025. 07. 15.

피아니스트 김주상과 국악인 김민철의 디지털EP

SOUND SCULPTURE: IMPROVISED SONIC FORMS

발매일: 2025. 09. 02.

오보이스트 박수진의 디지털 앨범

MODERNE OBOENMUSIK

발매일: 2025. 09. 30.

Sinawe, Part.1
Piano and traditional korean Percussions

피아니스트 김주상과 국악인 김민철의 디지털EP

시나위 - Part.1

발매일: 2025. 10. 01.

트롬보니스트 고재현의 디지털앨범

TROMBONE RECITAL LIVE

발매일: 2025. 10. 28.

피아니스트 한규호의 디지털앨범

CLARA&ROBERT

발매일: 2025. 11. 03.

클래식 음악 레이블
운영 가이드

ⓒ 김주상, 2025

초판 1쇄 발행 2025년 12월 22일

지은이   김주상
펴낸이   이기봉
편집   좋은땅 편집팀
펴낸곳   도서출판 좋은땅
주소   서울특별시 마포구 양화로12길 26 지월드빌딩 (서교동 395-7)
전화   02)374-8616~7
팩스   02)374-8614
이메일   gworldbook@naver.com
홈페이지 www.g-world.co.kr

ISBN   979-11-388-5108-4 (03680)